世界的黃昏

耶穌末世預言

黃栢中

寶瓦出版有限公司

世界的黃昏 - 耶穌末世預言

目錄

世界的黃昏 - 耶穌末世預言

序言:

當我們聽福音，傳福音，我們直覺簡單認為，因信稱義，耶穌捨命救贖我們離開罪惡，生活得平安，心靈得安慰，將來可以進入天國，得享永生！筆者反覆再讀聖經福音書的記載，醒覺到我們一直對天國的概念十分模糊，對福音的理解頗為偏頗，並沒有準確認識福音的意思。

其實，福音與禍音緊密相連！禍音是「天國近了，你們應當悔改」，人若不悔改，天國來臨時，活人死人都要復活，面臨耶穌基督的審判。審判後，有罪者要面臨永遠的刑罰，是永刑。

福音是，人若認罪悔改，相信耶穌基督的救贖，得享免去永刑，得到永生進入天國。

天國近了，意思是耶穌基督的天國要來了，趕出世界之王，耶穌基督要掌權，展開大審判。

末世的意思，就是耶穌基督的審判到來之前，世界將要發生的事情和徵兆。

在末世未到來之前，人要知道應作出甚麼準備？

第一，人要檢討生命如何面對耶穌基督的審判！

第二，弄清楚耶穌基督的審判的準繩！

第三，知道判定為義的獎賞，判定為惡的懲罰，作出生命的選擇。

第四，知道末世何時到來，留意耶穌基督的天國到來的徵兆。

準備好了的話，我們便可面對永恒的生命。

黃栢中

2022 年 12 月

緒論：末世的起頭

當人們討論到世界所發生的災難事件，討論的焦點經常會慢慢去到世界末日(末世)這個議題，對於無論是有宗教的人仕，或是沒有宗教的人仕 ，都不期而言地問道現在是否將到末世。

在這個世代，越來越多專家提出，若按目前世界的統計數據推算，世界將會在不久將來走到盡頭！

氣候變化

在過往三十多年，由科學界開始警告，由於人類工業化向大氣層大量排放二氧化碳等氣體，令地球出現温室效應，太陽光熱力射到地面上後，熱力反射消散時遇到大氣層温室氣體再向地面反射，引致地面平均温度上升。

科學研究顯示，2015 年的全球平均氣溫相對於 1750 年工業革命前已上升攝氏 2 度。英國氣象研究，2015 年平均溫度與 1850 到 1900 年的平均溫度上升了 1.02 攝氏度。地球平均溫度明顯持續上升。

聯合國氣候變化專門委員會（IPCC）報告預計到本世紀末，地球平均溫度將會上升超過 1.5 攝氏。

地球平均溫度上升會影響地球氣流改變，帶來極端氣候，包括厄爾尼諾現象。氣候改變引致大自然災害，包括，南北極冰川溶化，海洋水平線上升，帶來高温天氣、 乾旱，及嚴冬，海流改變，造成水災，颶風，海嘯等災難，帶來人命及財物的損失，嚴重影響農作物收成以及貨物運輸交通。最終帶動糧食價格上升。

專家推算，若地球平均溫度再上升攝氏 2 度，地球會有超過四分之一的土地將陷入乾旱，影響 15 億人口。

海平面上升

按科學家統計，氣候變遷影響全球海平面以每年 1.9 毫米的速度上升，不同地區海平面上升速度的差異按地理位置與海洋流潮汐的不同而受影響。按中國發佈的《中國海平面公報》，1980－2018 年，中國沿海海平面上升速率為每年 3.3 毫米，高於全球平均水平。最新的專家推算，到 2100 年，世界海平面將上升近 2 米。

當海洋水位上升，很多沿海城市將受到影響，經濟活動將受到打擊，包括紐約、 三藩市 、洛杉磯、倫敦、上海、東京、香港、台北、星加坡等地將會出現不同地方的水浸。

Climate Central 推算，若平均温度上升攝氏 3 度，香港中環將出現水浸！

更為令人憂慮的是，當沿海的農田受到水災影響， 糧食的生產將減少。與此同時，即使在沿海之地以外的地方，氣候變化帶來的世界性旱災，亦將令糧食生產減少。

要注意的是，當炎熱的氣温持續，全球空調的需求上升，電力及能源的需求亦上升，在未有全面取代石油及煤炭的發電之前，温室氣體的排放衹會持續增加！在嚴冬的時候延長，取暖用的發電或天然氣的燃燒，一樣加大温室氣體的排放。

世界各國領袖已多次召開氣候高峰會議，以減慢引致全球温室效應的氣體排放。縱使多國推動減排多年，然而各國各有其經濟及能源使用的考慮，互相猜忌，減排的決定仍未能一致。

科學家指出，當温室效應到達一個臨界點，極端氣候將以幾何級數的出現！可見的跡象是，在酷熱的夏天温度屢次創新高，北半球多次出現巨型山火，水災。

除了氣候的極端轉變，當南北極冰層大量溶化，地球上的地殼重量平衡亦將改變，事實上，地球上的地殼變化亦慢慢引致地震趨向頻繁。近年太平洋地震帶地震頻密，包括日本，印尼、台灣等地。

火山爆發漸見頻密

在 2021 年，全球發生多次火山爆發！火山爆發在歷代被喻為上帝的烈怒！在現時資訊流通的時代，火山爆發的震撼進入到世上每一個家庭的電視和電腦畫面，亦向全世界宣示上帝的怒氣。

冰島火山

2021 年 3 月 19 日，冰島的法格拉達爾火山（Fagradalsfjall），在沉睡 700 年之後爆發。冰島的火山活動是世界上最頻繁的區域之一，冰島是在大西洋中洋脊之上，是北美洲板塊與歐亞板塊互動地帶。島上有近 300 座火山、有 40-50 座屬於活火山。冰島火山活動會威脅英倫三島及北歐的氣候，火山塵會影響歐洲空氣及日照時間，影響歐洲農作物收成。

西班牙火山

2021 年 9 月 19 日在西班牙加那利群島(Islas Canarias)拉帕爾馬島(La

Palma）老昆布雷火山(Cumbre Vieja)爆發，熔岩覆蓋了 300 多萬坪土地，造成近 2700 座建築和農田被摧毀，6000 多名災民流離失所。

日本火山

2021 年 10 月 14 日，日本九州熊本縣的阿蘇火山發生噴發。

日本政府亦於同年更新了富士山若爆發的市民逃難手則。

印尼火山

2021 年 12 月 5 日，印尼爪哇島東南部塞梅魯火山（Mount Semeru）爆發。塞梅魯火山是印尼爪哇最高的山峰，高達 3,676 米。火山爆發的碎屑流的流速每小時 100 公里。印尼位於大陸板塊交匯的環太平洋火山帶，印尼共 127 座活火山，印尼有超過 70%人口（約 1.75 億人）居住在活火山的 100 公里範圍內，若大量火山碎屑在大氣層漂浮，必污染整個東南亞地區的空氣。

中國火山

中國最大活火山是在吉林的長白山天池火山，據說公元 969 年長白山天池火山發生地球一萬年來最大規模的爆發。其後，1668 年和 1702 年發生兩次爆發，最近一次爆發是在 1903 年。

此外，要留意的是黑龍江五大連池火山群由 14 座火山組成，黑龍江鏡泊湖火山群由 13 個火山口組成複式火山。

吉林龍崗火山群由 160 座矮火山錐組成。

在華南地區，海南島的海南瓊北火山共有 177 座火山口。

台灣北部大屯山亦是活火山，而北台灣龜山島亦有海底火山。研究證實大屯火出現許多地鳴現象與火山噴氣活動，地鳴出現，警告人類危險將會出現。

當全球火山活動瀕密，中國火山爆發的風險亦不容忽視。

地殼下陷

印尼遷都

太平洋主要島國有超過一萬人口的印尼將於 2024 年計劃將首都耶加達搬遷至北部婆羅州的東加里曼丹省（East Kalimantan）。這個決定為要避開交通問題及大自然的災害。雅加達地面正持續下陷，科學家研究，耶加達北部在 10 年下降了 2.5 米，並以每年 1-15 厘米的速度下沉。據估計，到 2050 年，耶加達部份地區會被淹沒。

日本下沉

統計數字反映，日本島正以每年 10 厘米的速度下沉。2011 年 311 大地震令日本下沉了兩厘米，最嚴重的地區下沉了 73.8 厘米。

日本東面 200 里是深達一萬米的馬里亞納大海溝(Mariana Trench)，日本現在以每年 10 厘米的速度向海溝移動，若未來出現地殼大震動，日本有可能像山泥傾瀉一樣，滑入大海溝，造成科幻小說所講的日本沉没！

民要攻打民國要攻打國

2022 年 2 月爆發的俄羅斯對烏克蘭(俄烏)戰爭，提醒我們歷史的教訓。

歷史告訴我們， 當不同民族開始強大， 人口增加， 統治者都傾向擴大所佔領的國土， 以滿足對於資源的需求， 亦防範其他民族或國家的擴張。

第一次世界大戰的成因就是因為 16 世紀工業革命開始之後， 不同歐洲國家擴大殖民地，要擴大工業產品的原材料供應以及銷售市場， 從而引發各國民族的利益衝突。

值得留意的是 1923 年 9 月 1 日日本關東 8.3 級大地震，死亡人數達 14 萬人。其後，日本不同地區於 1927, 1933 及 1936 年相繼發生 7.0, 8.4, 7.4 級大地震。1937 年，日本發動侵華軍事行動。日本卻發動侵華戰爭，令人懷疑這場戰爭是為了民族生存而爭奪更安全的土地。

2022 年 2 月，俄羅斯攻打烏克蘭，引發俄羅斯與北約集團對抗，世界局勢急轉直下，全球能源及糧食價格急升。由於第一次及第二次世界大戰是由軍事聯盟之間的衝突引起，再加上對抗雙方是有核武國家，令人憂慮第三次世界大戰的可能！

當全球暖化、 極端天氣、地殼變動帶來可用土地資源緊拙、糧食、食水及能源供應減少， 難民問題將隨之而來， 人道問題 將難以休止。 國與國及民族與民族之間的資源爭奪 將帶來民要攻打民，國要攻打國。最終將人類的命運推到悲劇！

行星撞地球

科學家估計，至 2021 年 9 月 4 日止，太陽系內已有約 112 萬顆小行星 (Asteroid)，其中祇有約 52%被確認編號觀察。

科學家估計對地球有潛在危險的小行星可能有近 2000 顆，其中 157 顆的直徑超過 1 公里!

太空中飛行的不同小行星有機會撞向地球，造成地球的生態毀滅！視乎小行星或殞石的大小以及撞擊的地方，可以造成地球大幅度的地震、火災，毀滅，撞擊地面後所揚起的大量沙塵， 在大氣層長期漂浮，並且長期遮擋太陽光，導致依靠光合作用的農作物大量失收。若撞入海洋，可以引發海嘯，沿海城市及人口有可能遭遇難以補救的毀滅，撞擊的高温可毀滅大量海洋生物。若農作物及海產失收，人類依賴的糧食亦將失去。

有不少地質學家猜想，地球上遠古的恐龍有可能是因為殞石撞擊地球而帶來的生態災難，地球長時間缺乏食物而消滅。換言之，人類文明亦有可能步恐龍的下場！

地球被小行星或大殞石撞擊機會有多大呢？用天文望遠鏡看看月球，其表面充滿大形殞石坑，事實上地球表面亦有遠古遺留至今的殞石坑。

近年多個大國，包括 美國，中國，俄羅斯，印度，日本等，都開始太空探索計劃，甚至談論火星殖民，這些大國是否有太多資源而純粹希望滿足科學家或政要的好奇心嗎？

2021 年 11 月 24 日，美國太空總署(NASA)首次發射火箭及航天器，計劃於 2022 年 9 月撞向一個接近地球的雙小行星，目的是測試改變小行星軌道的方法。

世界的黃昏 - 耶穌末世預言

明顯地，美國政府憂慮小行星撞地球的風險！

若這些災難在未來出現，人類世界亦將到達盡頭！

天地要廢去

耶穌明說：

「天地要廢去，我的話卻不能廢去。」(馬太福音 24:35)

正如詩篇所說：「天地都要滅沒，祢卻要長存；天地都要如外衣漸漸舊了，祢要將天地如裏衣更換，天地就都改變了。」(詩篇 102:26)

耶穌的預言並不是比喻，亦不是修辭，看目前地球的趨勢發展，天地都要漸舊廢去，惟有創造天地的神是長存的。

耶鮮的末世談論

耶穌基督其實曾對他的門徒談論過世界的末日，在馬太福音 28 章 耶穌差遣門徒往普天下去傳福音給萬民聽， 最後的一句說話就是耶穌會與門徒同在，直到世界的末了：

「所以，你們要去，使萬民作我的門徒，奉父、子、聖靈的名給他們施洗。凡我所吩咐你們的，都教訓他們遵守，我就常與你們同在，直到世

界的末了。」

(馬太福音 28:19-20)

若「世界的末了」不是一個順手拈來的修辭用法，則耶穌是有所指的，祂知道世界是會到達盡頭的末了！

耶穌的天國

在耶穌基督的三年傳道生涯中，祂的主要目的是要告訴世人天國(神的國)的來臨。祂開始出來傳道之時，第一個訊息就是「天國近了」。

祂的天國訊息主要包括以下：

1. 天國將要到來。
2. 天國在那裡。
3. 耶穌與天國的關係。
4. 天國為甚麼要來？
5. 天國來時做甚麼？
6. 天國來的時候人會面臨甚麼。

7.甚麼人可以進入天國。

8. 誰在天國為大。

9. 人要為天國來臨前作甚麼準備。

10. 天國來臨前有甚麼預兆。

簡單來說，天國來臨時，耶穌基督與眾天使駕雲而降。

死人要復活，與活人同受耶穌基督的審判，

耶穌基督要按世人的行為施行審判。

義人將進到天國得享永生，惡人要面臨永遠的刑罰。

我們研究耶穌關於末世的預言，不單單是滿足好奇心，而為將來作好準備！

第 1 章: 耶穌的末世預言

當門徒問耶穌，末後將到的時候有甚麼預兆，耶穌說一連串自然災禍要臨到全地上一切居住的人，祂就會降臨，並上帝的國近了。

他們問他說：「夫子，甚麼時候有這事呢？這事將到的時候有甚麼預兆呢？」

耶穌說：「你們要謹慎，不要受迷惑，因為將來有好些人冒我的名來，說：『我是基督』，又說：『時候近了』，你們不要跟從他們！

你們聽見打仗和擾亂的事，不要驚惶，因為這些事必須先有，只是末期不能立時就到。」

「當時，耶穌對他們說：「民要攻打民，國要攻打國，

地要大大震動，多處必有饑荒、瘟疫，又有可怕的異象和大神蹟從天上顯現。」

(路加福音 21:7-11)

在這段預言裡，耶穌指出，這些事必須先有，只是末期不能立時就到，包括：

世界的黃昏 - 耶穌末世預言

假基督出現，又說時候近了。

將有打仗和擾亂的事，民要攻打民，國要攻打國。

地要大大震動，

必有饑荒、

瘟疫，

又有可怕的異象和大神蹟從天上顯現。

上述是末世來到前都會發生。歷史告訴我們，以前有些局部地方曾出現這些災難，但現在看來愈來愈廣泛。

據統計，在 21 世紀已有 6 個西方人宣稱自己是基督，明顯就是假基督。

在 21 世紀，全球共發生 37 場戰爭，涉及國界主權的爭議及民族主義的爭議和政制有關的內戰。

在過往五百多年，全球超過 8.5 級的地震持續增加：

1501–1600 年：　2 次

1601–1700 年：　5 次

1701–1800 年：　9 次

1801–1900 年：　13 次

1901–2000 年：　12 次

2001–2021 年： 5 次

在 22 世紀，地震的強度和頻繁度亦令人憂慮。

事實上，地震經常與火山爆發一起發生。據英國倫敦萊斯保險(Lloyd's of London)市場研究 2021 年報告，警告全球在下兩個世紀，可能有 15 個主要城市會被火山爆發之岩漿和火山灰掩埋。

在過往五百多年，全球發生的火山爆發也持續增加：

1501–1600 年： 1 次

1601–1700 年： 5 次

1701–1800 年： 10 次

1801–1900 年： 10 次

1901–2000 年： 19 次

2001–2021 年： 3 次

世界各地在過往五百年發生饑荒的次數持續上升，並未因科技的發展而改善：

1501–1600 年： 10 次

世界的黃昏 - 耶穌末世預言

1601–1700 年：　26 次

1701–1800 年：　29 次

1801–1900 年：　27 次

1901–2000 年：　44 次

2001–2021 年：　15 次

聯合國粮食計劃署 2021 年統計飢荒受災人口高達 4500 萬人。世界反飢餓救援組織估計目前地球上有近 10 億人正在挨餓，其中 8.1 億人無法吃飽。

飢荒原因是氣候變遷、疫情與地區性軍事衝突，受災地區是非洲，中東及歐洲地區為主。

若我們以為飢荒祇發生在遙遠的非洲或中東地區，事實上，在 1900 年至今，中國共發生 6 次饑荒，目前是最好的時光！

民要攻打民，國要攻打國

世界各地在過往五百年發生的戰爭次數持續上升，隨著科技的發展，全球各國各民族的戰爭帶來人民的痛苦並未完結：

1501–1600 年：　37 次

1601–1700 年： 60 次

1701–1800 年： 61 次

1801–1900 年： 151 次

1901–2000 年： 161 次

2001–2021 年： 31 次

戰爭的成因無不出於國家之間的利益衝突、地界的衝突，民族之間的衝突，經濟利益的衝突及意識形態的矛盾。受害的都是人民。

按上面的趨勢，人類社會最終要滅亡。上帝作為人類的創造主，祂必然會推行祂的計劃以收拾殘局，伸張公義。若祂沒有末世的計劃，那實在違反祂的智慧。

末世的預兆

在路加福音 21 章，耶穌講述祂再臨伸張公義，將萬事重回正軌的預兆。祂指出：

「日、月、星辰要顯出異兆，地上的邦國也有困苦；因海中波浪的響聲，就慌慌不定。 天勢都要震動，人想起那將要臨到世界的事，就都嚇得魂不附體。 那時，他們要看見人子有能力，有大榮耀駕雲降臨。 一有這些事，你們就當挺身昂首，因為你們得贖的

日子近了。」 耶穌又設比喻對他們說:「你們看無花果樹和各樣的樹;它發芽的時候,你們一看見,自然曉得夏天近了。 這樣,你們看見這些事漸漸地成就,也該曉得上帝的國近了。 我實在告訴你們,這世代還沒有過去,這些事都要成就。 天地要廢去,我的話卻不能廢去。」(路加福音21:25-36)

耶穌警告門徒要時時警醒:

「你們要謹慎,恐怕因貪食、醉酒,並今生的思慮累住你們的心,那日子就如同網羅忽然臨到你們; 因為那日子要這樣臨到全地上一切居住的人。 你們要時時警醒,常常祈求,使你們能逃避這一切要來的事,得以站立在人子面前。」

(**路加福音** 21:34-36)

另外,馬太福音記載門徒問耶穌,祂降臨和世界的末了有甚麼預兆。馬太福音 24:27-44 記載耶穌的回答:

"「 閃電從東邊發出,直照到西邊。人子降臨也要這樣。 屍首在哪裏,鷹也必聚在那裏。」 「那些日子的災難一過去, 日頭就變黑了, 月亮也不放光, 眾星要從天上墜落, 天勢都要震動。 那時,人子的兆頭要顯在天上,地上的萬族都要哀哭。他們要看見人子,有能力,有大榮耀,駕著天上的雲降臨。 他要差遣使者,用號筒的大聲,將他的選民,從四方,從天這邊到天那邊,都招聚了來。」 「你們可以從無花果樹學個比方:當樹枝發

嫩長葉的時候，你們就知道夏天近了。 這樣，你們看見這一切的事，也該知道人子近了，正在門口了。 我實在告訴你們，這世代還沒有過去，這些事都要成就。 天地要廢去，我的話卻不能廢去。」 「但那日子，那時辰，沒有人知道，連天上的使者也不知道，子也不知道，惟獨父知道。 挪亞的日子怎樣，人子降臨也要怎樣。 當洪水以前的日子，人照常吃喝嫁娶，直到挪亞進方舟的那日； 不知不覺洪水來了，把他們全都沖去。人子降臨也要這樣。 那時，兩個人在田裏，取去一個，撇下一個。 兩個女人推磨，取去一個，撇下一個。 所以，你們要警醒，因為不知道你們的主是哪一天來到。 家主若知道幾更天有賊來，就必警醒，不容人挖透房屋；這是你們所知道的。 所以，你們也要預備，因為你們想不到的時候，人子就來了。」"

馬可福音 13 章記載則如下：

"「在那些日子，那災難以後， 日頭要變黑了， 月亮也不放光， 眾星要從天上墜落， 天勢都要震動。 那時，他們要看見人子有大能力、大榮耀，駕雲降臨。 他要差遣天使，把他的選民，從四方，從地極直到天邊，都招聚了來。你們可以從無花果樹學個比方：當樹枝發嫩長葉的時候，你們就知道夏天近了。 這樣，你們幾時看見這些事成就，也該知道人子近了，正在門口了。 我實在告訴你們，這世代還沒有過去，這些事都要成就。 天地要廢去，我的話卻不能廢去。但那日子，那時辰，沒有人知道，連天上的使者也不知道，子也不知道，惟有父知道。 你們要謹慎，警醒祈禱，因為你們不曉得那日期幾時來到。 這事正如一個人離開

世界的黃昏 - 耶穌末世預言

本家，寄居外邦，把權柄交給僕人，分派各人當做的工，又吩咐看門的警醒。 所以，你們要警醒；因為你們不知道家主甚麼時候來，或晚上，或半夜，或雞叫，或早晨； 恐怕他忽然來到，看見你們睡著了。 我對你們所說的話，也是對眾人說：要警醒！」"

(馬可福音 13:24-37)

綜合來說，耶穌指出，末世與祂再來前有以下徵兆：

1.天上的徵兆：閃電從東邊發出，直照到西邊。日、月、星辰要顯出異兆；日頭變黑，月亮不放光，眾星要從天上墜落，天勢都要震動。

2.海上的徵兆：海中有波浪的響聲。人子降臨也要像挪亞的日子，不知不覺洪水來了，把人全都沖去。

3.地上的徵兆：屍首在哪裏，鷹也必聚在那裏；地上的邦國也有困苦；地上的萬族都要哀哭。

4. 社會上的徵兆：耶穌要差遣使者用號筒的大聲，將選民，從四方都招聚了來。 有人被取去，有人被撇下。

耶穌再來的時候，祂的形象不再是受苦的義僕和被宰的羔羊，祂以能力和榮耀駕雲降臨。

主再來的時間是想不到的時候，沒有人知道，連天上的使者也不知道，子也不知道，惟有父知道。但這世代還沒有過去，這些事都要成就。

人類要做的是要謹慎，恐怕因貪食、醉酒，並今生的思慮累住了心，惟要警醒祈禱。

究竟耶穌再來時的情境是怎樣的?我們可以用不同的角度去想。

有人認為應從靈意的理解。當耶穌再來的時候，一切外邦所拜的天上神明都變得暗淡無光，代表撒但的眾星都要下墜；天空上的掌權者的國度都是震動；海洋所代表的邪惡勢力並受到衝擊；地上的國家和民族的權勢都要瓦解；耶穌要永遠作王。

上述的靈意理解，並未完全認真分清楚耶穌降臨前世界會發生甚麼事情。

耶穌說：**「天地要廢去，我的話卻不能廢去。」(馬太福音 24:35)**

正如詩篇所指：

「天地都要滅沒，你卻要長存；天地都要如外衣漸漸舊了，你要將天地如裏衣更換，天地就都改變了。

惟有你永不改變，你的年數沒有窮盡！你僕人的子孫要長存，他們的後裔要堅立在你面前。」

(詩篇 102:26-28)

世界的黃昏 - 耶穌末世預言

耶穌指出，天地都要廢去，反影詩篇所說，天地都要如外衣漸漸舊了，上帝要將天地如裏衣更換，天地就都改變。這是我們難以想像的結局。

若從已知的科學角度去解釋：

閃電從東邊發出，直照到西邊，就是巨大的太空碩石進入大氣層，由東邊劃破長空，向西邊飛去，在空中如閃電經過一樣。

碩石撞擊土地，揚起漫天沙塵，遮蔽日頭，日頭變黑，月亮無光；碩石碎片高速墜入大氣層燃燒，有如眾星從天上墜落，所發出的巨響震動整個天空。

碩石碎片掉進大海，引發巨浪的響聲，海嘯把人全都沖去。災後，地面屍橫遍野，屍首在哪裏，鷹也必聚在哪裏，地上國家困苦，各民族都要哀哭。人子降臨也要像挪亞的日子一樣！

類似情境亦可能由大型火山爆發而引起，當大型火山爆發，燒著的火山岩石爆上天空，像閃電從東邊直飛到西邊。火山灰遮蓋天空，阻隔太陽光，月光和星光。海底火山爆發亦引發海嘯或地陷。災民屍橫遍野。

在這種情境下，地球温度會大幅下降，人類就生活在黑暗和寒冷之中。

按耶穌的應許，祂不會敝下屬祂的人，祂會回來接祂的門徒：

世界的黃昏 - 耶穌末世預言

「你們心裏不要憂愁，你們信神，也當信我。在我父的家裏有許多住處，若是沒有，我就早已告訴你們了。我去原是為你們預備地方去。我若去為你們預備了地方，就必再來接你們到我那裏去；我在哪裏，叫你們也在那裏。」

(約翰福音 14:1-3)

耶穌預言，在末世時祂會以能力和榮耀駕雲降臨，收拾殘局；他要差遣天使，用大聲號筒招聚四方的選民，

「那時，兩個人在田裏，取去一個，撇下一個。 兩個女人推磨，取去一個，撇下一個。」換言之，屆時聖徒被提，與耶穌相遇。選民就脱離了地上的災難而得救。

耶穌再來有三個目的：

第一、要叫死人復活；

第二、要按天父的意思審判世界；

第三、祂要接世間屬祂的人到天父的國那裡，得享永生。

第 2 章：基督再臨的預言

當討論到耶穌基督再來，很多人都認為是無稽之談，是極端教派威嚇信徒，以達到操縱信徒的目的。不少人以懷疑態度面對，不少信徒都以不可知論面對，認為應當努力眼前的正常生活。事實上，很多人没有認真看看耶穌的警告。信徒唸主禱文，大多沒有醒覺自己在祈求神的國降臨！

在耶穌基督教導門徒如何禱告的時候，信徒第一件祈求的事，就是願神的國降臨。

馬太福音 6:9-13 記載：

「所以，你們禱告要這樣說：『我們在天上的父，願人都尊你的名為聖。願你的國降臨，願你的旨意行在地上，如同行在天上。

我們日用的飲食，今日賜給我們。免我們的債，如同我們免了人的債。不叫我們遇見試探，救我們脫離兇惡。因為國度、權柄、榮耀，全是你的，直到永遠。阿們！』

(馬太福音 6:9-13)

世界的黃昏 - 耶穌末世預言

很多信徒並未有認真相信神的國會降臨，或將神國降臨的預期推到無限遠，甚至將神國降臨看為不可知，對目前的生活絲毫沒有影響。

神的國降臨是怎樣的？耶穌基督在不同的場合多次講論祂受死，復活，升天之後，會再降臨，以下引述這些說話的場境：

馬太福音 16 章，記載了耶穌問門徒，他們認為祂是誰，西門彼得率先回答說：**「你是基督，是永生神的兒子。」(馬太福音 16:16)**

之後，耶穌警告他們，

「人若賺得全世界，賠上自己的生命，有甚麼益處呢？人還能拿甚麼換生命呢？」(馬太福音 16:26)

於是，耶穌預言：

「人子要在他父的榮耀裏，同着眾使者降臨；那時候，他要照各人的行為報應各人。我實在告訴你們：站在這裏的，有人在沒嘗死味以前，必看見人子降臨在他的國裏。」(馬太福音 16:27-28)

耶穌清楚告訴聽眾，祂與眾天使降臨之後，祂要照各人的行為報應各人。耶穌亦預言，在當時的聽眾中，有人未死之前，要見證耶穌的降臨。

祂亦在馬可福音指出：

「凡在這淫亂罪惡的世代，把我和我的道當作可恥的，人子在他父的榮耀裏，同聖天使降臨的時候，也要把那人當作可恥的。」(馬可福音 8:38)

這意未著，當耶穌再臨時之前，要選擇認信耶穌是基督(救主)，否則，耶穌會按那人的行為報應那人，若那人將耶穌和祂的道看作可恥，那人也將被看作可恥，當人拒絕耶穌，那人也會被拒絕，亦即不會列在末世時得拯救的名單上。

耶穌降臨後，祂就將萬民分別出來：

「當人子在他榮耀裏，同着眾天使降臨的時候，要坐在他榮耀的寶座上。萬民都要聚集在他面前。他要把他們分別出來，好像牧羊的分別綿羊山羊一般；(馬太福音 25:31-32)

在這段經文中，耶穌預言，當祂降臨後，萬民都要在祂面前聚集，並由祂分別出來。

當耶穌被捉拿到大祭司面前受問話，問祂是否神的兒子，耶穌承認，並將會駕着天上的雲降臨。

世界的黃昏 - 耶穌末世預言

「... 大祭司對他說：「我指着永生神叫你起誓告訴我們，你是神的兒子基督不是？」耶穌對他說：「你說的是。然而，我告訴你們：後來你們要看見人子坐在那權能者的右邊，駕着天上的雲降臨。」(馬太福音 26:63-64)

在這個預言中，耶穌說大祭司及審判祂的人要看見祂駕着雲降臨。這表示他們要活到主再來親眼見證耶穌降臨?，或者他們要從死裡復活，見證耶穌降臨，並面對耶穌的末世大審判。

綜合而論，參考上面經文，耶穌已不停警告，祂要駕著雲，與眾天使降臨。

耶穌降臨後，耶穌要坐在他榮耀的寶座上。萬民都要聚集在他面前，地上的萬族都要哀哭，耶穌要把義人和惡人分別出來。

如此，末世要進入大審判。

第 3 章：耶穌再臨接祂的門徒

在約翰福音 8 章，耶穌清楚講出祂要接信徒到天國，脱離黑暗世界的困苦。

「耶穌又對眾人說：「我是世界的光。跟從我的，就不在黑暗裏走，必要得着生命的光。」

耶穌又對他們說：「我要去了，你們要找我，並且你們要死在罪中；我所去的地方，你們不能到。」耶穌對他們說：「你們是從下頭來的，我是從上頭來的；你們是屬這世界的，我不是屬這世界的。所以我對你們說，你們要死在罪中；你們若不信我是基督，必要死在罪中。」

(約翰福音 8:12,21,23-24)

耶穌警告世人，祂是從上頭來的，不屬這世界。若不信祂，世人必要在世界死在罪中。跟從耶穌的，就不在黑暗裏走，必要得着生命的光。換言之，在世界上將見黑暗，跟隨耶穌必見生命的光。這不是寓意，從耶穌的末世預言的角度看，這將要實際發生的。

在約翰福音 13 章，耶穌對祂的門徒說：

「小子們，我還有不多的時候與你們同在，後來你們要找我，但我所去

的地方你們不能到。這話我曾對猶太人說過，如今也照樣對你們說。

「我賜給你們一條新命令，乃是叫你們彼此相愛；我怎樣愛你們，你們也要怎樣相愛。

你們若有彼此相愛的心，眾人因此就認出你們是我的門徒了。」

西門彼得問耶穌說：「主往哪裏去？」 耶穌回答說：「我所去的地方，你現在不能跟我去，後來卻要跟我去。」

(約翰福音 13:33-36)

耶穌預告了祂離世後，門徒要彼此相愛，後來卻要跟祂去。

耶穌在約翰福音 14 章進一步解釋：

「你們心裏不要憂愁，你們信神，也當信我。

在我父的家裏有許多住處，若是沒有，我就早已告訴你們了。我去原是為你們預備地方去。

我若去為你們預備了地方，就必再來接你們到我那裏去；我在哪裏，叫你們也在那裏。

我往哪裏去，你們知道；那條路，你們也知道。」

(約翰福音 14:1-4)

耶穌離世升天，是為門徒預備地方。祂必再來世界接門徒到祂的國那裏，與祂同住。

其後，多疑的多馬問耶穌祂的去處：

多馬對他說：「主啊，我們不知道你往哪裏去，怎麼知道那條路呢？」

耶穌說：「我就是道路、真理、生命，若不藉着我，沒有人能到父那裏去。

(約翰福音 14:5-6)

耶穌解釋，祂要帶門徒到天父那裡，祗有藉著祂這條道路，人才可以得著真理和生命。

猶大問耶穌，為甚麼祂祗向門徒表明祂要接他們到天父那裡，不向世人表明：

耶穌回答說：「人若愛我，就必遵守我的道，我父也必愛他，並且我們要到他那裏去，與他同住。

(約翰福音 14:23)

耶穌指出，祗有愛耶穌又遵守祂的道的門徒，天父也必愛他，與他同住。換言之，不是所有世人才能到天父那裡。祗有藉着耶穌，人才能到父那裏去，因為耶穌就是道路、真理、生命。換言之，人從耶穌才能知道真理，得著生命，透過耶穌，人才可以到天父那裡。

有些人以為靠着自已的理性和努力尋索真理可以到達理想的天國。耶穌明確指出，祂是從上面來的，人不倚靠耶穌，就沒有人可以到天父那裡去。

第 4 章: 末世審判的比喻

在福音書，耶穌用了八個比喻，講解末世之後的大審判的情況，包括：

1. 好樹與壞樹的比喻 (馬太福音 7:18-23)
2. 麥子與稗子的比喻 (馬太福音 13:24-30,36-43)
3. 撒網的比喻 (馬太福音 13:47-50)
4. 和僕人算賬的比喻 (馬太福音 18:21-23,25-35)
5. 擺設筵席的比喻 (馬太福音 22:1-14)
6. 十個童女的比喻 (馬太福音 25:1-13)
7. 按才幹審判的比喻 (馬太福音 25:14-30)
8. 分別綿羊山羊的比喻 (馬太福音 25:31-46)

1.好樹與壞樹的比喻

在馬太福音 7 章，耶穌以好樹與壞樹的比喻講論末世審判的準則。得進入天國的人是看他們的好果子，不論他們的宗教行為和宗教地位，惟獨遵行天父旨意的人，才能進去天國。

「好樹不能結壞果子，壞樹不能結好果子。凡不結好果子的樹，就砍下來丟在火裏。所以，憑着他們的果子，就可以認出他們來。

「凡稱呼我『主啊，主啊』的人，不能都進天國；惟獨遵行我天父旨意的人，才能進去。

當那日，必有許多人對我說：『主啊，主啊，我們不是奉你的名傳道，奉你的名趕鬼，奉你的名行許多異能嗎？』

我就明明地告訴他們說：『我從來不認識你們，你們這些作惡的人，離開我去吧！』」

(馬太福音 7:18-23)

耶穌說，惟獨結好果子、遵行天父旨意的人，才能進去天國，換言之，耶穌的審判是按行為，而不是看外表和口所講的。即使是神職人員，甚至是自稱是基督徒的人，傳道的人和行使耶穌賦予權柄趕鬼和行異能的人，也不能進天國。

2. 麥子與稗子的比喻

在馬太福音 13 章，耶穌以麥子(wheat)和稗子(tares)在田間混在一起比喻世界上的人。麥子與稗子外表十分相似，稗子在田間擠掉麥子的生長空間和營養，而稗子有毒，稗子混著麥子製成麵包令味道成苦味。此比喻指世上有義人和惡人，耶穌解答為甚麼天國還未到來消滅惡人。

耶穌又設個比喻對他們說：「天國好像人撒好種在田裏，

及至人睡覺的時候，有仇敵來，將稗子撒在麥子裏就走了。

到長苗吐穗的時候，稗子也顯出來。

「田主的僕人來告訴他說：『主啊，你不是撒好種在田裏嗎？從哪裏來的稗子呢？』

「主人說：『這是仇敵做的。』「僕人說：『你要我們去薅出來嗎？』

「主人說：『不必，恐怕薅稗子，連麥子也拔出來。容這兩樣一齊長，等着收割。當收割的時候，我要對收割的人說：先將稗子薅出來，捆成捆，留着燒；惟有麥子要收在倉裏。』」

當下耶穌離開眾人，進了房子。他的門徒進前來，說：「請把田間稗子的比喻講給我們聽。」他回答說：「那撒好種的就是人子，田地就是世界，

好種就是天國之子；稗子就是那惡者之子，撒稗子的仇敵就是魔鬼；收割的時候就是世界的末了，收割的人就是天使。將稗子薅出來用火焚燒，世界的末了也要如此。人子要差遣使者，把一切叫人跌倒的和作惡的，從他國裏挑出來，丟在火爐裏，在那裏必要哀哭切齒了。

那時，義人在他們父的國裏，要發出光來，像太陽一樣。有耳可聽的，就應當聽！」

(馬太福音 13:24-30,36-43)

耶穌的比喻指出，天國尚未到來除去惡人，因為以免在過程中傷及義人而影響義人的成長。等到末世時。耶穌要差遣天使，把叫人跌倒的和作惡的，從世界挑出來。

在世界的末了，惡人的結局是被天使抽出來，被丟在火爐裏，在那裏必要哀哭切齒。

值得留意，耶穌預言，義人在天國裏要發出光來，像太陽一樣。這就是永生的狀態。

3. 撒網的比喻

馬太福音 13 章記載耶穌講述天國來臨的時候，像撒網在海裡，天使將義人和惡人分開，惡人會被丟到火爐裡。

「天國又好像網撒在海裏，聚攏各樣水族。網既滿了，人就拉上岸來；坐下，揀好的收在器具裏，將不好的丟棄了。

世界的末了也要這樣。天使要出來，從義人中把惡人分別出來，丟在火爐裏，在那裏必要哀哭切齒了。」

(馬太福音 13:47-50)

在耶穌的撒網比喻中，天下充滿義人和惡人，天國來時，惡人被挑出來，丟在火爐中，在那裏哀哭切齒。換言之，不論是魚蝦 蟹或甚麼海產，好的留下，不好的丟在火爐，意思是不論種族，社會地位，身份，職業，不好的都丟到火爐，在那裡並不是人死如燈滅，而是有感受的，是哀哭切齒。

4.王和僕人算賬的比喻

馬太福音 18 章記載了耶穌的王與僕人算賬的比喻。這比喻告訴人們天國的王要如何按他們彼此相待而作出審判。

「那時，彼得進前來，對耶穌說：「主啊，我弟兄得罪我，我當饒恕他幾次呢？到七次可以嗎？」

世界的黃昏 - 耶穌末世預言

耶穌說：「我對你說：不是到七次，乃是到七十個七次。

「天國好像一個王要和他僕人算賬。因為他沒有甚麼償還之物，主人吩咐把他和他妻子兒女，並一切所有的都賣了償還。那僕人就俯伏拜他，說：『主啊，寬容我！將來我都要還清。』

那僕人的主人就動了慈心，把他釋放了，並且免了他的債。

那僕人出來，遇見他的一個同伴欠他十兩銀子，便揪着他，掐住他的喉嚨，說：『你把所欠的還我！』

他的同伴就俯伏央求他說：『寬容我吧！將來我必還清。』

他不肯，竟去把他下在監裏，等他還了所欠的債。

眾同伴看見他所做的事，就甚憂愁，去把這事都告訴了主人。於是，主人叫了他來，對他說：『你這惡奴才！你央求我，我就把你所欠的都免了。你不應當憐恤你的同伴，像我憐恤你嗎？』主人就大怒，把他交給掌刑的，等他還清了所欠的債。

「你們各人若不從心裏饒恕你的弟兄，我天父也要這樣待你們了。」

(馬太福音 18:21-23,25-35)

在這比喻裡，耶穌告訴人們，在末世大審判中，他的審判並不是單單看他們所欠的或是他們的惡行，而是充滿憐憫。然而，祂的審判亦考慮到被審判者有否對其他人施憐憫。若被審判者對其他人没有憐憫，他亦不會得到憐憫。各人若不從心裏饒恕弟兄，天父也要這樣待你們。

在我們的個人主義文化裡面，各人自己爭取自己的權利，按理據追討他人所欠自己的債。在上帝的眼中，祂是否執行公義亦要看看當中是否需要憐憫和饒恕。人若要博取上帝的饒恕，自己也要饒恕其他人。

5.擺設筵席的比喻

在馬太福音 22 章，耶穌講天國好像擺設延席一樣。

「天國好比一個王為他兒子擺設娶親的筵席，

就打發僕人去，請那些被召的人來赴席；他們卻不肯來。王又打發別的僕人，說：『你們告訴那被召的人，我的筵席已經預備好了，牛和肥畜已經宰了，各樣都齊備，請你們來赴席。』

世界的黃昏 - 耶穌末世預言

那些人不理就走了：一個到自己田裏去，一個做買賣去，其餘的拿住僕人，凌辱他們，把他們殺了。王就大怒，發兵除滅那些兇手，燒燬他們的城。於是對僕人說：『喜筵已經齊備，只是所召的人不配。所以你們要往岔路口上去，凡遇見的，都召來赴席。』

那些僕人就出去到大路上，凡遇見的，不論善惡都召聚了來，筵席上就坐滿了客。王進來觀看賓客，見那裏有一個沒有穿禮服的，就對他說：『朋友，你到這裏來，怎麼不穿禮服呢？』那人無言可答。

於是王對使喚的人說：『捆起他的手腳來，把他丟在外邊的黑暗裏，在那裏必要哀哭切齒了。』「因為被召的人多，選上的人少。」

(馬太福音 22:1-14)

在王擺延席的比喻中，耶穌表示天國像一場延席，原意是讓受邀請的人免費享受。但他們的心卻在繁忙的工作上，甚至殺死王打發來邀請的僕人。最後，王差僕人到路上凡遇見的人都召來。當中有人不尊重此延席的場合，沒有穿禮服，就被趕走。

在耶穌的天國比喻中，受邀的人把王的僕人殺了，導致王發兵除滅那些兇手，燒燬他們的城。意思是拒絕進天國的人將被除滅。

有機會進天國的人，若沒有尊重進天國應有的準備，下場亦是被丟在外邊。

6.十個童女的比喻

在馬太福音 25 章，耶穌得天國的來臨比喻為十個童女等候新郎來迎接新娘到婚宴。

「那時，天國好比十個童女拿着燈出去迎接新郎。

其中有五個是愚拙的，五個是聰明的。

愚拙的拿着燈，卻不預備油；

聰明的拿着燈，又預備油在器皿裏。

新郎遲延的時候，她們都打盹睡着了。

「半夜有人喊着說：『新郎來了，你們出來迎接他！』

「那些童女就都起來收拾燈。

愚拙的對聰明的說：『請分點油給我們，因為我們的燈要滅了。』

「聰明的回答說：『恐怕不夠你我用的，不如你們自己到賣油的那裏去買

吧！』

「她們去買的時候，新郎到了，那預備好了的，同他進去坐席，門就關了。

「其餘的童女隨後也來了，說：『主啊，主啊，給我們開門！』

「他卻回答說：『我實在告訴你們：我不認識你們。』

「所以，你們要警醒，因為那日子、那時辰，你們不知道。」

(馬太福音 25:1-13)

在十個童女的比喻，耶穌警告人們要準備好去迎接天國的到來，當天國在意想不到的時間而來，沒有準備好去迎接天國的人將被拒諸於門外。

7. 按才幹審判的比喻

在馬太福音 25 章，耶穌將天國的審判比喻為主人向僕人要求交賬。

「天國又好比一個人要往外國去，就叫了僕人來，把他的家業交給他們，

按着各人的才幹，給他們銀子，一個給了五千，一個給了二千，一個給了一千，就往外國去了。

那領五千的隨即拿去做買賣，另外賺了五千；

那領二千的也照樣另賺了二千；

但那領一千的去掘開地，把主人的銀子埋藏了。

「過了許久，那些僕人的主人來了，和他們算賬。

那領五千銀子的又帶着那另外的五千來，說：『主啊，你交給我五千銀子，請看，我又賺了五千。』

「主人說：『好！你這又良善又忠心的僕人，你在不多的事上有忠心，我要把許多事派你管理；可以進來享受你主人的快樂。』

「那領二千的也來，說：『主啊，你交給我二千銀子，請看，我又賺了二千。』

「主人說：『好！你這又良善又忠心的僕人，你在不多的事上有忠心，我要把許多事派你管理；可以進來享受你主人的快樂。』

「那領一千的也來，說：『主啊，我知道你是忍心的人，沒有種的地方要收割，沒有散的地方要聚斂，

我就害怕，去把你的一千銀子埋藏在地裏。請看，你的原銀子在這裏。』

「主人回答說：『你這又惡又懶的僕人！你既知道我沒有種的地方要收割，沒有散的地方要聚斂，

就當把我的銀子放給兌換銀錢的人，到我來的時候，可以連本帶利收回。

「『奪過他這一千來，給那有一萬的！

因為凡有的，還要加給他，叫他有餘；沒有的，連他所有的也要奪過來。

把這無用的僕人丟在外面黑暗裏，在那裏必要哀哭切齒了。』」

(馬太福音 25:14-30)

在跟僕人算賬的比喻裡，耶穌講述，當天國來臨的時間，祂會按所給予的才幹去要求人們向祂交賬。對才幹較多的人要求回報翻倍更多，對才幹較少的人要求翻回報翻倍較少，對才幹較低的人也有回報的要求。沒有運用才幹的人會被趕出天國以外。

在現實上，每個人都有其獨特的才幹，耶穌的審判是看被審判的人有否大量發揮所得的才幹，或有沒有運用所得的才幹。這就是定罪的根據。

有翻倍回報的人，在天國裡那人會得到更大的事去管理。

對於認為信耶穌是得進入天國的簽證的人來說，耶穌這個天國的比喻是一記當頭棒喝！

那些得到才幹的人，卻沒有放膽運用，耶穌的審判是：凡有的，還要加給他，叫他有餘；沒有的，連他所有的也要奪過來。並且，祂把這無用的僕人丟在外面黑暗裏；在那裏必要哀哭切齒。

耶穌愛世人，但祂作為審判者，祂不能違背自己的公義，沒有預備好自己的人祇好在外面黑暗裡哀哭切齒。

8. 分別綿羊山羊的比喻

在馬太福音 25 章，記載了馬太福音裡最後一個天國審判的比喻，就是耶穌在天國到來時如何分別屬祂的人和不屬祂的人，如同分別綿羊和山羊一樣。之後，耶穌就對門徒說，過兩天，祂要被捉拿去釘十字架。

「當人子在他榮耀裏，同着眾天使降臨的時候，要坐在他榮耀的寶座上。

萬民都要聚集在他面前。他要把他們分別出來，好像牧羊的分別綿羊山羊一般，把綿羊安置在右邊，山羊在左邊。

「於是，王要向那右邊的說：『你們這蒙我父賜福的，可來承受那創世以來為你們所預備的國。

因為我餓了，你們給我吃；渴了，你們給我喝；我作客旅，你們留我

住；

我赤身露體，你們給我穿；我病了，你們看顧我；我在監裏，你們來看我。』

「義人就回答說：『主啊，我們甚麼時候見你餓了，給你吃，渴了，給你喝？

甚麼時候見你作客旅，留你住，或是赤身露體，給你穿？

又甚麼時候見你病了，或是在監裏，來看你呢？』

「王要回答說：『我實在告訴你們：這些事你們既做在我這弟兄中一個最小的身上，就是做在我身上了。』

「王又要向那左邊的說：『你們這被咒詛的人，離開我，進入那為魔鬼和他的使者所預備的永火裏去！

因為我餓了，你們不給我吃；渴了，你們不給我喝；

我作客旅，你們不留我住；我赤身露體，你們不給我穿；我病了，我在監裏，你們不來看顧我。』

「他們也要回答說：『主啊，我們甚麼時候見你餓了，或渴了，或作客旅，或赤身露體，或病了，或在監裏，不伺候你呢？』

世界的黃昏 - 耶穌末世預言

「王要回答說：『我實在告訴你們：這些事你們既不做在我這弟兄中一個最小的身上，就是不做在我身上了。』

「這些人，要往永刑裏去；那些義人，要往永生裏去。」

(馬太福音 25:31-46)

在分別綿羊山羊的比喻裡，耶穌舉了六件事情去判斷義人和受咒詛的人，就是在小弟兄身上：

餓了，給他吃；

渴了，給他喝；

作客，留他住；

赤身，給他穿；

病了，看顧他：及

在監裏，伺候他。

耶穌審判誰可以進天國的條件，不單是人的宗教行為，腦袋裡有否充足的教義或理論，也不是看社會的地位或所擁有的學位或財富，政治理念，並且有多少人仰慕。耶穌看的是他的行為和愛心。看看他有否看顧及支援不能照顧自已的人或失去自由的人。

在今天個人主義的年代，不能照顧自已的人被批評為懶惰、 愚昧、缺乏計劃、甚至被咒詛，他們的需要應由自已努力找出路，或由政府或慈善團體照顧。政府或慈善團體的答案當然是要看看有否足夠的資源。

耶穌的審判是，照顧的責任是在個人身上！

應作而不作的話，審判的結果令人難以置信! 耶穌對他們說：「你們這被咒詛的人，離開我！進入那為魔鬼和他的使者所預備的永火裏去！」

耶穌的審判準則是，憐憫人的必蒙憐憫，不憐憫人的必不蒙憐憫。

然而，耶穌的審判是公平和公義的，因為他們等於不做在耶穌身上! 祂是配得一切的服待的。

總結而言，耶穌的末世審判的準則是：

1. 結果子
2. 與惡人分開
3. 饒恕
4. 尊重進天國的機會
5. 為進天國作好準備

6. 有效運用所得的才幹
7. 憐憫有身體需要的人。

綜合而言，耶穌判斷誰可進天國的準則是：有沒有珍惜進天國的機會，是否忠心按才能努力，品格有沒有憐憫人的心。

耶穌亦說：

「若有人聽見我的話不遵守，我不審判他。我來本不是要審判世界，乃是要拯救世界。

棄絕我、不領受我話的人，有審判他的，就是我所講的道，在末日要審判他。

(約翰福音 12:47-48)

耶穌指出，人要準備好迎接祂來：

「你們腰裏要束上帶，燈也要點着，自己好像僕人等候主人從婚姻的筵席上回來。他來到叩門，就立刻給他開門。主人來了，看見僕人警醒，那僕人就有福了。我實在告訴你們：主人必叫他們坐席，自己束上帶，進前伺候他們。… 你們也要預備，因為你們想不到的時候，人子就來了。」

(路加福音 12:35-40)

這裡十分特別，對於準備好的僕人，主人會親自伺侯僕人坐席，這是何等榮耀！

第 5 章: 末世大審判

耶穌說得很清楚，凡在墳墓裏的，都要聽見他的聲音，不論行善或行惡的，都要出來。耶穌的審判是： 行善的，復活得永生；作惡的，復活定罪。

耶穌第一次來的時候，他不是要審判世界，而是要拯救世界，但祂再來時，祂就要施行審判。約翰福音 12:46-48 記載祂說：

"我到世上來，乃是光，叫凡信我的，不住在黑暗裏。 若有人聽見我的話不遵守，我不審判他。我來本不是要審判世界，乃是要拯救世界。 棄絕我、不領受我話的人，有審判他的－就是我所講的道在末日要審判他。"

(約翰福音 12:46-48)

很多人以為耶穌愛世人，祂不審判人；這是對的，但祂是要給世人悔改的機會。正如耶穌親口所說，棄絕祂、不領受祂話的人，在末日有審判等著他的。

不單耶穌會審判世人，祂的門徒也與耶穌一同審判世人，而且是以色列的十二支派。路加福音 22:28-30 記載耶穌對門徒說說：

「我在磨煉之中，常和我同在的就是你們。 我將國賜給你們，正如我父賜給我一樣， 叫你們在我國裏，坐在我的席上吃喝，並且坐在寶座上，審判以色列十二個支派。」

(路加福音 22:28-30)

耶穌警告，祂的審判是嚴厲的，路加福音 10:12-16 記載祂說：

「我告訴你們，當審判的日子，所多瑪所受的，比那城還容易受呢！哥拉汛哪，你有禍了！伯賽大啊，你有禍了！因為在你們中間所行的異能若行在泰爾、西頓，他們早已披麻蒙灰，坐在地上悔改了。 當審判的日子，泰爾、西頓所受的，比你們還容易受呢！ 迦百農啊，你已經升到天上，將來必推下陰間。」

(路加福音 10:12-16)

哥拉汛 (Chorazin)城位於以色列加利利海旁，的加拉薩（Kerazeh)，

伯賽大(Bethsaida) 位於加利利海的東北；有豐富野生動物及魚產，伯賽大的意思是漁人之家，或獵人之家。住城生活不愁。

因為伯賽大人不信，當審判的日子，伯賽大所受的比泰爾(Tyre)和西頓(Sidon)更大。

世界的黃昏 - 耶穌末世預言

泰爾和西頓是地中海東岸的兩座主要商貿大城市，最後在戰亂中被敵軍毀滅，成為廢墟。今日在黎巴嫩境內。

迦百農位於加利利海西北，迦百農是商業貿易中心，是耶穌開始傳道時的基地，祂稱迦百農為自己的城（馬太福音九章 1 節）。

迦百農屬十二支派中拿弗他利地區，耶穌在此城傳道，應驗了先知以賽亞的話（馬太福音四章 12-14）

「但那受過痛苦的，必不再見幽暗。從前神使西布倫地和拿弗他利地被藐視，末後卻使這沿海的路，約旦河外，外邦人的加利利地得着榮耀。」

(以賽亞書 9:1)

迦百農是希律安提帕管治區的邊境，設有稅關。

迦百農人忙於商貿，當耶穌來到此地傳道，人們未感興趣。

所多瑪(Sodom) 是舊約聖經記載的城市，充滿性罪行，到罪惡滿盈，被天火焚城。考古估計是位於約旦河東岸、死海以北。雞姦一字英文來自此城名。

當城市被毀，我們經常認為是天災人禍引至，耶穌的說法是因為城市不信，罪惡滿盈而引至天譴！

世界的黃昏 - 耶穌末世預言

路加福音 11:31-32 繼續耶穌的警告：

「當審判的時候，南方的女王要起來定這世代的罪；因為她從地極而來，要聽所羅門的智慧話。看哪，在這裏有一人比所羅門更大。 當審判的時候，尼尼微人要起來定這世代的罪，因為尼尼微人聽了約拿所傳的就悔改了。看哪，在這裏有一人比約拿更大。」

(路加福音 11:31-32)

耶穌警告，當審判的時候，地極的南方女王和尼尼微人要起來定這世代的罪。

南方女王是舊約記載，來以色列見識所羅門王的智慧的。

尼尼微是古代以色列以北的強大亞述帝國的首都，此帝國極度兇殘，屠殺了不少受侵略的城市。後期，以色列的先知約拿被神差遣去傳悔改的道，結果整個城市悔改了。

換言之，耶穌的末世審判是有陪審員的，信者要定不信者的罪，當時情景將難以想像！

耶穌要按照甚麼準則進行末日的審判? 馬太福音 5:17-30 記載祂說：

「莫想我來要廢掉律法和先知。我來不是要廢掉，乃是要成全。我實在告訴你們，就是到天地都廢去了，律法的一點一畫也不能廢去，都要成全。 所以，無論何人廢掉這誡命中最小的一條，又

教訓人這樣做，他在天國要稱為最小的。但無論何人遵行這誡命，又教訓人遵行，他在天國要稱為大的。 我告訴你們，你們的義若不勝於文士和法利賽人的義，斷不能進天國。」

(馬太福音 5:17-30)

耶穌清楚表明，祂來到世上是要成全律法和先知，祂自己亦服從於律法之下，以至親身作為贖罪祭，擔當律法下的刑罰。天地都要廢去，律法的一點一畫也不能廢去，都要成全。耶穌甚至要求，門徒的義若不勝於文士和法利賽人死守律法的義，斷不能進天國。耶穌要求的不單是表面遵行誡命律法，而要進一步實行律法的精義，才能進入天國。

耶穌指出：

「你們聽見有吩咐古人的話，說：『不可殺人』；又說：『凡殺人的難免受審判。』 只是我告訴你們，凡向弟兄動怒的，難免受審判；凡罵弟兄是拉加的，難免公會的審判；凡罵弟兄是魔利的，難免地獄的火。 所以，你在祭壇上獻禮物的時候，若想起弟兄向你懷怨， 就把禮物留在壇前，先去同弟兄和好，然後來獻禮物。你同告你的對頭還在路上，就趕緊與他和息，恐怕他把你送給審判官，審判官交付衙役，你就下在監裏了。 我實在告訴你，若有一文錢沒有還清，你斷不能從那裏出來。」(馬太福音 5:21-26)

世界的黃昏 - 耶穌末世預言

文士及法利賽人的義止於「不可殺人」，耶穌的要求是：向弟兄動怒的要受審判；罵弟兄的要受地獄的火。

拉加(Raca) 是亞蘭語，即「下流」。

摩利(R e)是亞蘭語，意為蠢材或白痴(ThouFool)。

弟兄懷怨而不去和好的，斷不能從那裏出來。

耶穌又對眼目的情慾作出嚴厲的警告：

「你們聽見有話說：『不可姦淫。』 只是我告訴你們，凡看見婦女就動淫念的，這人心裏已經與她犯姦淫了。 若是你的右眼叫你跌倒，就剜出來丟掉，寧可失去百體中的一體，不叫全身丟在地獄裏。 若是右手叫你跌倒，就砍下來丟掉，寧可失去百體中的一體，不叫全身下入地獄。」(馬太福音 5:26-30)

耶穌的要求不單是誡命上的「不可姦淫」，祂看動淫念已觸犯姦淫，祂認為人要狠下決心，不叫全身下入地獄。

耶穌對口舌之慾亦作出嚴厲的警告，馬太福音 12:36-37 記載祂說：

「我又告訴你們，凡人所說的閒話，當審判的日子，必要句句供出來； 因為要憑你的話定你為義，也要憑你的話定你有罪。」

難怪耶穌在馬太福音 7:13-14 說：

世界的黃昏 - 耶穌末世預言

「你們要進窄門。因為引到滅亡，那門是寬的，路是大的，進去的人也多； 引到永生，那門是窄的，路是小的，找著的人也少。」

進入永生的門是窄的，路是小的，找著的人也少。

耶穌在馬太福音 11：12 亦指出：

「從施洗約翰的時候到如今，天國是努力進入的，努力的人就得著了。」

是的，耶穌的救恩是白白的，人不能拿任何的善行去換取救恩；但進入天國的門亦是窄的，天國是要努力進入的。

總結來說，耶穌所講的末世審判，考慮以下因素：

律法的一點一畫也不能廢去，都要成全。

不可殺人，凡向弟兄動怒的，難免受審判，要看人有沒有先去同弟兄和好。

不可姦淫，凡看見婦女就動淫念的，就受審判。

凡人所說的閒話，必要句句供出來受審判。

審判亦看，人有没有努力進天國。

有很多人以為耶穌基督的救贖既是本乎恩，就不用作任何事情，像大豪客般勉強說句「我接受」便成。

世界的黃昏 - 耶穌末世預言

有人認為，宗教是導人向善，信不信由自已的決擇和緣份。事實上，信耶穌是一條窄路，要努力才能進入天國。

第 6 章: 靈魂的去處

按聖經的論述，神創造生命時，以泥土按自已的形像創造人類始祖亞當(Adam)，並吹一口氣進他們的鼻孔，他就有了生氣。

「耶和華神用地上的塵土造人，將生氣(Breath of Life) 吹在他鼻孔裏，他就成了有靈的活人 (Living Soul)，名叫亞當。」
(創世記 2:7)

當人死去時，靈魂(Soul) 就離開身體)。

當以色列祖先雅各的妻子拉結死去時，聖經第一次描述，拉結的靈魂離開拉結的身體：

「她將近於死，靈魂要走的時候，就給她兒子起名叫便俄尼，他父親卻給他起名叫便雅憫。」
(創世記 35:18)

當人死去，靈魂離去，究竟靈魂的去向在那裡？
傳統認為惡人下地獄(Hell)，好人升上天堂(Paradise)。亦有人認為，人死如燈滅，靈魂煙消魂散。然而，上述並非聖經所描述的。

按詩篇所描述：

「求你想念我的時候是何等的短少。你創造世人，要使他們歸何等的虛空呢！誰能常活免死，救他的靈魂脫離陰間的權柄呢？」
(詩篇 89:47-48)

詩篇所說的是，人類生命是短少的，當死去時，靈魂無法脫離陰間的權柄(Power of Sheol)。

約伯指出：

「雲彩消散而過，照樣，人下陰間也不再上來。他不再回自己的家，故土也不再認識他。」
(約伯記 7:9-10)

這裡指出，人的靈魂下陰間後，不再回到世上。這意味著很多傳統觀念，都不是聖經的觀念。

西方和東方人都有傳說，認為人死後的鬼魂會留在地上。亦有人相信人死後靈魂升天。羅馬天主教和東正教都認為聖人死後的靈魂升天，在天上繼續保守信眾，聽信眾的祈禱。
東方宗教都相信祖先和偉人死後，在天之靈繼續接受供奉，在天保祐後代或接受信眾的崇敬和祈禱。

簡單而言，這些信仰將死去的人的靈魂提升為天上的神靈，可以祝福信眾，做他們在地上時他們不能做的事情。

為甚麼信眾相信，死去的人的靈魂可以做他們在地上不能做的事？他們相信的原因是，他们有訴求需要滿足，傳統文化流存下來的宗教行為，受社羣長 輩或朋輩的權威和意見引導，再受宗教建制及習俗的鞏固。都建基於脆弱的基礎上。

耶穌講論關於靈魂

關於靈魂的去處，耶穌的教導是，今生要為靈魂的去處作出預備。

路加福音記載耶穌的教訓：

「於是對眾人說：「你們要謹慎自守，免去一切的貪心，因為人的生命不在乎家道豐富。就用比喻對他們說：有一個財主田產豐盛，自己心裏思想說：『我的出產沒有地方收藏，怎麼辦呢？』又說：『我要這麼辦：要把我的倉房拆了，另蓋更大的，在那裏好收藏我一切的糧食和財物，然後要對我的靈魂說：靈魂哪，你有許多財物積存，可作多年的費用，只管安安逸逸地吃喝快樂吧！』神卻對他說：『無知的人哪，今夜必要你的靈魂，你所預備的要歸

誰呢？』「凡為自己積財，在神面前卻不富足的，也是這樣。」(路加福音 12:15-21)

耶穌的教訓是，人類在地上籌算未來財務的安全，專注吃喝玩樂，當靈魂被神收回，這人在神的面前並不富足，所得到的亦歸於無有。

世人没有考慮靈魂的去處。正如孔子所說：「未知生，焉知死。」繼續忙於世上的事，並没有預備靈魂的去向。

耶穌在路加福音亦有另一個關於陰間的教訓。

「有一個財主，穿着紫色袍和細麻布衣服，天天奢華宴樂。又有一個討飯的，名叫拉撒路，渾身生瘡，被人放在財主門口，
要得財主桌子上掉下來的零碎充飢，並且狗來舔他的瘡。後來那討飯的死了，被天使帶去放在亞伯拉罕的懷裏。財主也死了，並且埋葬了。
他在陰間受痛苦，舉目遠遠地望見亞伯拉罕，又望見拉撒路在他懷裏，就喊着說：『我祖亞伯拉罕哪，可憐我吧！打發拉撒路來，用指頭尖蘸點水，涼涼我的舌頭，因為我在這火焰裏，極其痛苦。』
亞伯拉罕說：『兒啊，你該回想你生前享過福，拉撒路也受過苦；如今他在這裏得安慰，你倒受痛苦。
不但這樣，並且在你我之間，有深淵限定，以致人要從這邊過到

你們那邊是不能的；要從那邊過到我們這邊也是不能的。』
財主說：『我祖啊！既是這樣，求你打發拉撒路到我父家去，因為我還有五個弟兄，他可以對他們作見證，免得他們也來到這痛苦的地方。』
亞伯拉罕說：『他們有摩西和先知的話可以聽從。』
他說：『我祖亞伯拉罕哪，不是的，若有一個從死裏復活的，到他們那裏去的，他們必要悔改。』
亞伯拉罕說：『若不聽從摩西和先知的話，就是有一個從死裏復活的，他們也是不聽勸。』」
(路加福音 16:19-31)

耶穌所講人的死後靈魂去處，是到陰間，富而不仁的人是下地獄(Hades 或 Hell)，那裡有火焰，極其痛苦。困苦的窮人死後，天使接到受安慰的地方。上述兩個地方之間有深淵(Great Gulf 或 Great Chasm) 阻隔，不能互通。在地獄的靈魂並無回轉的機會。

那麼，陰間是地獄嗎？不是，陰間有兩個靈界的空間，中間由深坑分隔。一邊是有火的地獄，令靈魂受痛苦。另一邊位置比地獄位置遠而高，是靈魂得安慰的地方。

有些人以為，靈魂得安慰的地方就是在天上天父那裡，即天堂。地獄則在地下的冥界。事實上，從耶穌的教訓來看，人死後靈魂是下陰間的。

世界的黃昏 - 耶穌末世預言

有些人認為耶穌有關陰間的教訓是一種比喻，祇是教訓世人要照顧窮人。其實，教訓的重點是要聽從摩西和先知的話悔改，否則世人的靈魂將面臨地獄的痛苦。

正如耶穌教訓門徒：

「那殺身體不能殺靈魂的，不要怕他們；惟有能把身體和靈魂都滅在地獄裏的，正要怕他。」
(馬太福音 10:28)

耶穌所指的地獄，是末世審判時，人要復活面對祂的審判，義人要進入天國得到永生，惡人要身體和靈魂都滅在地獄的火湖裡。

有神學家認為，惡人下在地獄，就煙消雲散消滅了，永遠離開神。然而，啟示錄 14 章的記載卻是：

「又有第三位天使接着他們，大聲說：「若有人拜獸和獸像，在額上或在手上受了印記，這人也必喝神大怒的酒；此酒斟在神忿怒的杯中純一不雜。他要在聖天使和羔羊面前，在火與硫磺之中受痛苦。他受痛苦的煙往上冒，直到永永遠遠。那些拜獸和獸像，受牠名之印記的，晝夜不得安寧。」
(啓示錄 14:9-11)

從啟示錄 14 章的預言，拜獸和獸像，在額上或在手上受了印記的人，將在聖天使和羔羊面前，在火與硫磺之中受痛苦，直到永永遠遠。意即，惡人拜魔鬼，受了魔鬼的印記，歸入牠的名下，將到地獄火湖受永遠的痛苦。

神的救贖

歷代先知都預言上帝救贖靈魂，脱離陰間。

當約伯記講到神的救恩時：

「他的靈魂臨近深坑，他的生命近於滅命的。神就給他開恩說：『救贖他免得下坑，我已經得了贖價。』」
(約伯記 33:22,24)

「神救贖我的靈魂免入深坑，我的生命也必見光。
神兩次、三次向人行這一切的事，為要從深坑(Pit)救回人的靈魂，使他被光照耀，與活人一樣。」
(約伯記 33:28-30)

約伯記指出，神的救贖是將人的靈魂從深坑救出，得被光照。

在詩篇 16 及 49 篇中，大衛指出神將人的靈魂從陰間拯救的盼望：

「因為你必不將我的靈魂撇在陰間，也不叫你的聖者見朽壞。你必將生命的道路指示我，在你面前有滿足的喜樂，在你右手中有永遠的福樂。」
(詩篇 16:10-11)

「只是神必救贖我的靈魂脫離陰間的權柄，因他必收納我。」
(詩篇 49:15)

在詩篇 30 篇，大衛更以過去式宣告神將人的靈魂從陰間拯救出來：

「耶和華啊，你曾把我的靈魂從陰間救上來，使我存活，不至於下坑。」
(詩篇 30:3)

使徒行傳 2 章記載，使徒彼得在五旬節向羣眾講道，引述上述詩篇 16:10-11 的預言，指出耶穌就是先知的預言中的彌賽亞，神將耶穌從死裡復活，脫離陰間：

「神卻將死的痛苦解釋了，叫他復活，因為他原不能被死拘禁。大衛指着他說：『我看見主常在我眼前，他在我右邊，叫我不至於搖動。所以我心裏歡喜，我的靈快樂；並且我的肉身要安居在指望中。

因你必不將我的靈魂撇在陰間，也不叫你的聖者見朽壞。你已將生命的道路指示我，必叫我因見你的面，得着滿足的快樂。』」(使徒行傳 2:24-28)

由此可見，當耶穌釘十字架而死，靈魂降在陰間，第三天神叫祂從死裡復活。正是應驗大衛在詩篇的預言。

耶穌從死裡復活，是要向世人證明，當人因罪而死，靈魂拘禁在陰間，惟靠相信耶穌，靈魂得到釋放，神拯救他得到永生。

在各各他山與耶穌同釘十字架的一位強盜。耶穌應許他今天他會與祂在樂園(Paradise)裡，亦即天堂。很多人認為，強盜會與耶穌在死後升上天堂。参路加福音 23 章如下：

強盜：**「就說：「耶穌啊，你得國降臨的時候，求你記念我！」耶穌對他說：「我實在告訴你：今日你要同我在樂園裏了。」(路加福音 23:42-43)**

若参考使徒行傳中彼得引述詩篇 16 篇的預言，耶穌死後是降在陰間，那祂所指的樂園與強盜同在，就是陰間的安慰之處，而他不會下在深坑之中。
到第三天，耶穌從陰間死而復活，升到天父的右邊。

換言之，強盜求耶穌：「你得國降臨的時候，求你記念我。」意思是指，當耶穌降臨的時候，耶穌從陰間釋放他的靈魂，從死裡復活，與主同在。

那麼，路加福音記載耶穌在十架上死去前所說，指的靈魂去處是甚麼：

「耶穌大聲喊着說：「父啊！我將我的靈魂交在你手裏。」說了這話，氣就斷了。」
(路加福音 23:46)

耶穌將靈魂交在天父的手裡，意思是讓神引領他靈魂的去處，並不是指靈魂在祂死後當天升到天上天父那裡。

耶穌死後，降在陰間，到等三天，神叫祂從死被復活。復活後，耶穌才升到天上見天父。

約翰福音 20 章記載耶穌復活後向抹大拉馬利亞顯現說：

「耶穌說：「不要摸我，因我還沒有升上去見我的父。你往我弟兄那裏去，告訴他們說：我要升上去見我的父，也是你們的父；見我的神，也是你們的神。」
(約翰福音 20:17)

換言之，耶穌死後，降在陰間，三天後從死裡復活，之後才升上天上見天父。

信徒靈魂的去向應與耶穌一樣，死後降在陰間(睡了)，等到耶穌降臨時，信徒的靈魂在陰間被釋放，耶穌叫他們肉身復活。

拒絕耶穌拯救的人，靈魂的去向又如何？

約翰福音記載耶穌說：

「因為父怎樣在自己有生命，就賜給他兒子也照樣在自己有生命，並且因為他是人子，就賜給他行審判的權柄。你們不要把這事看作希奇。時候要到，凡在墳墓裏的，都要聽見他的聲音，就出來。行善的，復活得生；作惡的，復活定罪。」
(約翰福音 5:26-29)

耶穌說，凡在墳墓裏的人，都要聽見他的聲音，就出來面對審判。行善的，復活得生；作惡的，復活定罪。

換言之，人死後靈魂都下陰間，到耶穌降臨時，惡人都要復活面對審判定罪。

啟示錄預言，在末世，耶穌降臨審判世人：

「於是海交出其中的死人，死亡和陰間也交出其中的死人。他們

都照各人所行的受審判。死亡和陰間也被扔在火湖裏，這火湖就是第二次的死。若有人名字沒記在生命冊上，他就被扔在火湖裏。」
(啓示錄 20:13-15)

在末世的審判中，死亡和陰間交出其中死人，他們都照各人所行的受審判。

最後，死亡和陰間都不再有用，會被扔在火湖裏。

名字沒記在生命冊上的人都被扔在火湖裏。火湖就是第二次的死。

總结

概括而言，罪的工價乃是死，人要面對兩次死亡。

第一次死是靈魂下陰間，義人下到陰間安慰之地，就是樂園，惡人要下到陰間的深坑，就是地獄，承受靈魂的痛苦。直等到耶穌降臨，聽到耶穌的聲音，靈魂離開陰間，復活，面對耶穌的審判。

義人復活得生，名字在生命冊上，以永生進入天國。不會有第二次的死。

惡人在審判後被定罪，名字沒記在生命冊上，最後被扔在火湖。這是第二次的死。

第 7 章：末世的復活

當耶穌再來時，祂要叫死人復活；面對末世的大審判。約翰福音 5 章記載耶穌對復活的預言：

「我實實在在地告訴你們，那聽我話、又信差我來者的，就有永生；不至於定罪，是已經出死入生了。我實實在在地告訴你們：時候將到，現在就是了，死人要聽見神兒子的聲音，聽見的人就要活了。因為父怎樣在自己有生命，就賜給他兒子也照樣在自己有生命，並且因為他是人子，就賜給他行審判的權柄。「你們不要把這事看作希奇。時候要到，凡在墳墓裏的，都要聽見他的聲音，就出來。行善的，復活得生；作惡的，復活定罪。我憑着自己不能做甚麼，我怎麼聽見，就怎麼審判。我的審判也是公平的，因為我不求自己的意思，只求那差我來者的意思。… 其實我所受的見證不是從人來的，然而我說這些話，為要叫你們得救。」

(約翰福音 5:24-30，34)

世界的黃昏 - 耶穌末世預言

耶穌講了以下幾個重點，為要叫人得救：

那聽耶穌話、又信天父的，就有永生。不至於定罪。

死人要聽見神兒子的聲音，聽見的人就要活了。

行善的，復活得生；作惡的，復活定罪。

耶穌怎麼從天父聽見，就怎麼審判。祂的審判也是公平的。

得救的意思是甚麼呢？傳統的論述是，人相信耶穌，得以脫離罪惡，重新做人，死後靈魂上天堂。

按耶穌的預言，在末世的災難後，耶穌降臨是要招聚屬祂的人。

在末世時，已死的人將要復活，面對大審判，耶穌的審判不是按自己的意思，乃是按祂從天父聽到的來審判。

行善的，復活得生，聽耶穌話、信天父的，就有永生。作惡的，復活定罪。耶穌已開出了得救的機會，信天父的，聽耶穌話的、就有永生，不信的，必被定罪。

很多人難以相信，人死如燈滅，肉體已腐爛，甚或煙消雲散，形體亦不具了，如何能夠聽見耶穌的聲音，如何從墳墓出來呢？是的，耶穌明白世人難以理解。

世界的黃昏 - 耶穌末世預言

在約翰福音 11 章記載了耶穌叫拉撒路從死而復生。讓人看見復活是如何一回事，可以信。

祂問拉撒路的姊妹馬大關於她理解耶穌叫死人復生的能力：

耶穌說：「你兄弟必然復活。」馬大說：「我知道在末日復活的時候，他必復活。」耶穌對她說：「復活在我，生命也在我！信我的人，雖然死了，也必復活。凡活着信我的人必永遠不死。你信這話嗎？」馬大說：「主啊，是的，我信你是基督，是神的兒子，就是那要臨到世界的。」(約翰福音 11:23-27)

耶穌的意思是凡活着信耶穌是基督(救主)，是神的兒子，是那要臨到世界的，必將復活，永遠不死，得到永生。

在約翰福音 6 章，耶穌再解釋不是所有人都得救，免去定罪。天父所賜的一個也不丟棄，都要到耶穌那裡：

「 凡父所賜給我的人，必到我這裡來，到我這裡來的，我總不丟棄他。 ... 差我來者的意思，就是他所賜給我的，叫我一個也不失落，在末日卻叫他復活。 因為我父的意思，是叫一切見子而信的人得永生，並且在末日我要叫他復活。」

(約翰福音 6：37-40)

耶穌是要叫一切見子而信的人得永生，並且在末日祂要叫他復活。

那麼，不信耶穌的人是預定要被定罪的嗎？按天父的法則，有罪的已預定必被定罪。

信的人都必到耶穌那裡來，都必得救。不過，不信耶穌是神的兒子和基督(救主)的人，自然沒有向耶穌尋求拯救，不信的必被定罪。

上帝愛世人，祂願意萬人得救，不願一人沉淪。但天父的法則是，凡活着信耶穌是基督的必然得救。

若人死後復活面對審判，是否到那時可以選擇信耶穌嗎？審判時，耶穌要按天父的公義對作惡的人定罪，憐憫的時間已過！

有很多人覺得「人死如燈滅」，一切善惡都會自動勾消了。對於公正的創造主而言，義人應肉身復活得享永生的福樂，比短暫的世界長久得多。惡人應復活面對定罪，長久活在那個廢去的天地裡。

有一些人以為表面上信耶穌，得到宗教建制的認可，內心卻沒有聽耶穌的話，行出所聽的道，到復活審判台前，看透人心的耶穌亦將他們定罪。

有一些世人認為是聖賢的人，或者自我感覺良善的人，到末世復活來到審判台前，耶穌會翻開他們的生命冊，看透每個人的內心，按公義定罪。

對於選民得救的概念，意思是在得以脱離末日災難，並且死後復活，得享永生。

對於選民的意思，傳統的理解是被上帝選擇的人，是預定會信耶穌得救的人。反之，不信的人就預定了不得救！這命題被認為是奧秘，其實明顯違反耶穌的說法，信的人有永生，不信的人被定罪。

那麼，是誰作出得救的選擇，是人自已作選擇，在實際意義來說，選民是人。當人選擇信耶穌的拯救，上帝便按他的信心選他。相反，當人選擇不信耶穌的拯救，上帝就衹會按他的不信不能選他。

從上帝的角度看，相信耶穌可以拯救他的就是選民。不相信耶穌可以拯救他的就不是選民。

這裡並没有所謂預定論的難題，在福音書衹記載過一次耶穌用「預定」一詞，就是在最後晚餐時說：

「人子固然要照所預定的去世，但賣人子的人有禍了！」(路加福音 22:22)

「預定」即是「計劃」，這個拯救計劃就是耶穌捨去祂的生命，担當人應受的罪責。換來的就是人因相信祂而得救。「相信」的意思就是承認自已的罪，悔改，接受耶穌的代贖，拯救。

問題是，按上帝的法則，這個選擇不可以在審判台前才作選擇，**「凡活着信我的人必永遠不死。」(約翰福音 11-26)**

有人認為，某人即使沒有信耶穌，但為人心地良善，對社會，家庭都有貢獻，耶穌應按公義拯救他。問題是，那人活著時聽福音，卻不覺得有罪，決定拒絕耶穌。

這裡十分清楚，行善者和行惡的都要復活，行善者，聽耶穌的話，相信天父的都必得永生，行惡者必被定罪。

耶穌審判時看透人心，判審不同世人，必按公義審判。

選擇永生與地獄

對於「地獄」(Hell) 這個地方的描述，在聖經舊約中，都未曾出現，地獄這個名詞是在新約福音書中首次出現，耶穌講論永生時，是與地獄相比較。在末日大審判的時候，義人進入神的國得永生，惡人將被丟進地獄。

在馬可福音 9 章，耶穌特別描述地獄的光景，讓聽眾明白現在作出選擇的重要性。

「倘若你一隻手叫你跌倒，就把它砍下來；你缺了肢體進入永生，強如有兩隻手落到地獄，入那不滅的火裏去。倘若你一隻腳

叫你跌倒，就把它砍下來；你瘸腿進入永生，強如有兩隻腳被丟在地獄裏。倘若你一隻眼叫你跌倒，就去掉它；你只有一隻眼進入神的國，強如有兩隻眼被丟在地獄裏。」

「在那裏，『蟲是不死的，火是不滅的。』因為必用火當鹽醃各人。」「鹽本是好的，若失了味，可用甚麼叫它再鹹呢？你們裏頭應當有鹽，彼此和睦。」
(馬可福音 9:43-50)

在耶穌的教訓中，人要立定心志，脱離犯罪，免得被丟在地獄裡。在地獄裡，有不死的蟲、不滅的火來當鹽醃各人。

在馬太福音裡，耶穌特別強調人際關係是審判的根據。馬太福音5 章指出：

「只是我告訴你們：凡向弟兄動怒的，難免受審判。凡罵弟兄是拉加的，難免公會的審斷；凡罵弟兄是魔利的，難免地獄的火。」
(馬太福音 5:22)

拉加(Raca) 是亞蘭語，即「下流」。
摩利(R e)是亞蘭語，意為蠢材或白痴(ThouFool)。

換言之，我們日常習慣的咒罵言語，原來在大審判時會陷我們進入地獄！

耶穌在馬太福音 5 章特別指出，男女關係的不當會陷我們進入地獄。

「你們聽見有話說：『不可姦淫。』只是我告訴你們：凡看見婦女就動淫念的，這人心裏已經與她犯姦淫了。「若是你的右眼叫你跌倒，就剜出來丟掉，寧可失去百體中的一體，不叫全身丟在地獄裏；若是右手叫你跌倒，就砍下來丟掉，寧可失去百體中的一體，不叫全身下入地獄。」
(馬太福音 5:27-30)

其實，耶穌對律法的標準極高，不單單以客觀的行為作跟據，更看人心所思所想。以姦淫來看，動淫念已是犯姦淫，跌倒將全身丟在地獄裡。

很多人可能認為耶穌祗在恐嚇，並沒有認真執行。耶穌指出：

「那殺身體不能殺靈魂的，不要怕他們；惟有能把身體和靈魂都滅在地獄裏的，正要怕他。」
(馬太福音 10:28)

路加福音 12 章亦記載耶穌說：「我的朋友，我對你們說：那殺身體以後不能再做甚麼的，不要怕他們。我要指示你們當怕的是

世界的黃昏 - 耶穌末世預言

誰，當怕那殺了以後又有權柄丟在地獄裏的。我實在告訴你們：正要怕他。」
(路加福音 12:4-5)

耶穌指出，下到地獄的人，是身體和靈魂都滅在地獄裏的。換言之，當人復活受審判時，是身體和靈魂都復活丟到地獄。

在地獄裡，有不死的蟲、不滅的火來當鹽醃各人。若參考耶穌對末日的世界論述，世界經歷大災難，可能進入大地震，火山爆發，小行星撞擊地球， 日月星無光，民族戰爭。當天地都要廢去的時候，地球就是一個四處火海，燒着的岩漿、硫磺，温度極高的地方，存留在地面上的人，就是在地獄裡。若惡人復活後被定罪，留在地面上，就是被丟在地獄裡。

在大災難的時間，耶穌和眾天使降臨，接屬祂的人到祂已預備好的天國，這就是得救，這就是愛了！

有一些人以為，耶穌既然是愛，祂也不捨得不拯救所有的人嗎(普救論)？

若人死後没有審判，上帝如何伸張公義呢？

耶穌托付祂的信徒傳福音給萬民聽，但世上有些人傳講其他道理，誤導其他人遠離正路，這些人都要下地獄：

世界的黃昏 - 耶穌末世預言

「這世界有禍了！因為將人絆倒；絆倒人的事是免不了的，但那絆倒人的有禍了！」
(馬太福音 18:7)

「你們這假冒為善的文士和法利賽人有禍了！因為你們走遍洋海陸地，勾引一個人入教，既入了教，卻使他作地獄之子，比你們還加倍。」
(馬太福音 23:15)

「你們這假冒為善的文士和法利賽人有禍了！因為你們建造先知的墳，修飾義人的墓… 你們這些蛇類、毒蛇之種啊！怎能逃脫地獄的刑罰呢？」
(馬太福音 23:29,33)

耶穌警告，不少宗教人士進行傳統儀式，紀念活動，四處傳道，教導虛假的得救道理，增加信耶穌的條件，建立宗教組織，絆倒想進天國的人，卻沒有叫人悔改，脫離罪惡，相信耶穌的拯救，最終不能逃脫地獄的形罰。

究竟復活是怎樣的一回事？

耶穌在馬可福音 12 章回答不信有復活的貴族撒都該人的問題：

世界的黃昏 - 耶穌末世預言

「人從死裏復活，也不娶也不嫁，乃像天上的使者一樣。... 神不是死人的神，乃是活人的神。你們是大錯了。」

(馬可福音 12:25，27)

這裡非常清楚，人復活之後，沒有親屬的關係，像天使一樣的活人，上帝要做他們的神。

有些傳統的信念，人死後靈魂上天堂，到天家得享永生，與死去的家人相聚。

耶穌的解釋是，復活的人進天國，沒有親屬關係，像天使一樣。

耶穌預言的復活與舊約詩篇 71 篇相呼應：

「神啊，你的公義甚高！行過大事的神啊，誰能像你？你是叫我們多經歷重大急難的，必使我們復活，從地的深處救上來。」

(詩篇 71:19-20)

當世人經歷人生急難，死後要從地的深處被拯救復活過來，這顯明上帝的公義。

先知以賽亞亦預言：

「死人要復活，屍首要興起。睡在塵埃的啊，要醒起歌唱！因你的甘露好像菜蔬上的甘露，地也要交出死人來。」

世界的黃昏 - 耶穌末世預言

(以賽亞書 26:19)

以賽亞的預言指的不是人的高尚精神不死，是睡在塵埃的屍首要起來復活歌唱！

究竟死人復活如何發生？在先知以西結的異象中，上帝給他預先看看復活的情景：

「耶和華的靈降在我身上，耶和華藉他的靈帶我出去，將我放在平原中，這平原遍滿骸骨。他使我從骸骨的四圍經過，誰知在平原的骸骨甚多，而且極其枯乾。他對我說：「人子啊，這些骸骨能復活嗎？」我說：「主耶和華啊，你是知道的。」他又對我說：「你向這些骸骨發預言說：『枯乾的骸骨啊，要聽耶和華的話！主耶和華對這些骸骨如此說：我必使氣息進入你們裏面，你們就要活了。我必給你們加上筋，使你們長肉，又將皮遮蔽你們，使氣息進入你們裏面，你們就要活了。你們便知道我是耶和華。』」

於是，我遵命說預言。正說預言的時候，不料，有響聲，有地震；骨與骨互相聯絡。我觀看，見骸骨上有筋，也長了肉，又有皮遮蔽其上，只是還沒有氣息。主對我說：「人子啊，你要發預言，向風發預言說：『主耶和華如此說：氣息啊，要從四方而來，吹在這些被殺的人身上，使他們活了。』」於是，我遵命說預言，氣息就進入骸骨，骸骨便活了，並且站起來，成為極大的軍隊。主對我說：「人子啊，這些骸骨就是以色列全家。他們說：『我們的骨頭枯乾了，我們的指望失去了，我們滅絕淨盡

了。』所以你要發預言，對他們說：『主耶和華如此說：我的民啊，我必開你們的墳墓，使你們從墳墓中出來，領你們進入以色列地。

我的民哪，我開你們的墳墓，使你們從墳墓中出來，你們就知道我是耶和華。我必將我的靈放在你們裏面，你們就要活了。我將你們安置在本地，你們就知道我耶和華如此說，也如此成就了。這是耶和華說的。』」

(以西結書 37:1-14)

先知以西結看到復活的過程是：

上帝吩咐先知發預言。
先知說預言後，有響聲及地震出現。骨與骨互相聯絡。骸骨上長有筋、肉和皮。但没有氣息。

上帝再吩咐先知向風發預言，
氣息從四方吹在骸骨上，氣息進入骸骨，骸骨便活了，死人就站起來。

上帝指這些骸骨就是預表以色列全家。上帝要開他們的墳墓，使他們從墳墓中出來。上帝要將祂的靈放在他們裏面，你們就要活了，並領他們進入以色列地。

有很多人理解這異象是預言滅國二千年的以色列國，上帝要使以色列國復國，在 1949 年發生。問題是，以色列全家尚未完全回歸，所成立的仍然是世俗化的以色列國，很多人仍未接受耶穌是彌賽亞(救主)。

這個預言真正滿足時，應是在末世，基督降臨，天使吹響號角，發生大地震，死人聽到耶穌的聲音，風從四面而來，死人肉身重組由地裡出來，上帝的靈進到死人肉身，死人就復活站起來活了。

在屬靈角度看，耶穌的信徒就是選民，即以色列全家，神的靈進到他們裡面，復活後的信徒進到天國，亦即以色列地-應許之地。

先知但以理的預言亦與先知以賽亞和先知以西結的預言一致：

「... 你本國的民中，凡名錄在冊上的，必得拯救。睡在塵埃中的，必有多人復醒，其中有得永生的，有受羞辱、永遠被憎惡的。」
(但以理書 12:1-2)

按但以理的預言，在天上有名冊，凡名在冊上的，必得拯救。當人復活時，睡在塵埃中的人會復醒。當審判後，有人得永生，得拯救。換言之，有人在審判後，永遠被憎惡，意即要留在地獄中。

如何可以使名字留在生命冊上呢？按耶穌所講，人若從水和聖靈而生，就得永生。水是悔改，聖靈內住就是神的印記，可進神的國裡。

記得耶穌所講，

「叫人活着的乃是靈，肉體是無益的。我對你們所說的話就是靈，就是生命。」
(約翰福音 6:63)

信耶穌所說的話，祂的靈叫人得生命。

第 8 章：永生

當耶穌說信者不致定罪，反得永生，究竟永生是怎樣的狀態，人何以維生？

重生

在約翰福音 3 章記載了有一個猶太官法利賽人尼哥德慕來見耶穌，耶穌第一次談及重生：。

耶穌說：「**我實實在在地告訴你：人若不重生，就不能見神的國。」**
祂補充說：「我實實在在地告訴你，人若不是從水和聖靈生的，就不能進神的國。從肉身生的，就是肉身；從靈生的，就是靈。」
「神愛世人，甚至將他的獨生子賜給他們，叫一切信他的，不至滅亡，反得永生。」
「因為神差他的兒子降世，不是要定世人的罪，乃是要叫世人因他得救。信他的人，不被定罪；不信的人，罪已經定了，因為他不信神獨生子的名。」
(約翰福音 3:1,3-6,12-18)

人若重生，就能見神的國。人若從水和聖靈生的，就能進神的的國。水是悔改的洗，從聖靈生就是耶穌用聖靈施洗，聖靈內住。正如施洗約翰的見證：**「我先前不認識他，只是那差我來用水施洗的，對我說：『你看見聖靈降下來，住在誰的身上，誰就是用聖靈施洗的。』(約翰福音 1:33)**從肉身生的，就是肉身；從靈生的，就是靈，就可進入神的國，因為神就是個靈(約翰福音 4:24)。

耶穌明確指出，祂降世是要叫世人因信他得救，不至滅亡，反得永生。

然則，世人將因罪被審判而滅亡，若悔改领受聖靈的洗，信耶穌得重生，得見神國，因耶穌的名進入神國，得享永生。

當信徒在末世復活，進入神的國得享永生，究竟永生是怎樣的狀態？

第 9 章：活水

在約翰福音 4 章記載了耶穌談活水，人若喝祂所賜的水，就永遠不渴，直到永生。祂告訴一位撒馬利亞女人：

「耶穌回答說：「你若知道神的恩賜和對你說『給我水喝』的是誰，你必早求他，他也必早給了你活水。」
(約翰福音 4:10)

「耶穌回答說：「凡喝這水的，還要再渴；人若喝我所賜的水，就永遠不渴。我所賜的水要在他裏頭成為泉源，直湧到永生。」
(約翰福音 4:13-14)

在這裡，耶穌說如何得到永生，祂說：

1. 要認識祂；
2. 要求祂賜活水；
3. 要喝祂賜的活水。

這活水在人的裡面成為泉源。

在約翰福音 7 章，繼續記載了耶穌講活水：

「節期的末日，就是最大之日，耶穌站着高聲說：「人若渴了，可以到我這裏來喝！
信我的人，就如經上所說：『從他腹中要流出活水的江河來。』耶穌這話是指着信他之人要受聖靈說的。...」
(約翰福音 7:37-39)

耶穌所講的活水，是指耶利米先知書所指，耶和華就是活水：

「耶和華以色列的盼望啊，凡離棄你的必至蒙羞。耶和華說：「離開我的，他們的名字必寫在土裏，因為他們離棄我這活水的泉源。」
(耶利米書 17:13)

當聖靈內住在信徒裡，活水就在人裡面。耶穌明確表示，信祂的人將從腹中流出活水，意即要領受聖靈。這回應祂在 3 章對尼哥德慕說的：**「人若不是從水和聖靈生的，就不能進神的國」**。

這意味著，認識耶穌，相信祂，求祂，領受聖靈，蒙賜下活水，不再渴，進入神的國，得享永生。

第 10 章：生命的糧

生命的糧

耶穌說祂就是生命的糧：

「我就是生命的糧，到我這裡來的，必定不餓，信我的，永遠不渴。」(約翰福音　6：35)

耶穌明確指出，在末日，信徒要復活，信祂的人得永生，祂就是生命的糧。人若吃這糧，就必永遠活着。

約翰福音 6 章記載耶穌施行了五餅二魚神蹟餵飽五千人後， 群眾跟著祂，祂就教訓他們不要為食物勞力，乃要為生命的糧努力：

「不要為那必壞的食物勞力，要為那存到永生的食物勞力，就是人子要賜給你們的，因為人子是父神所印證的。」… 耶穌說：「我實實在在地告訴你們：那從天上來的糧，不是摩西賜給你們的，乃是我父將天上來的真糧賜給你們。

因為神的糧，就是那從天上降下來賜生命給世界的。」… 耶穌

說：「我就是生命的糧，到我這裏來的，必定不餓；信我的，永遠不渴。…

差我來者的意思就是：他所賜給我的，叫我一個也不失落，在末日卻叫他復活。因為我父的意思是叫一切見子而信的人得永生，並且在末日我要叫他復活。」

(約翰福音 6:27-40)

耶穌明確指出，在末日，信徒要復活，信祂的人得永生，祂就是生命的糧。人若吃這糧，就必永遠活着。這意味著，當信徒復活後，耶穌賜他們吃生命的糧，這就是祂自已的永活的生命。

耶穌再進步解釋甚麼是生命的糧：

「我實實在在地告訴你們：信的人有永生。我就是生命的糧。…我是從天上降下來生命的糧，人若吃這糧，就必永遠活着。我所要賜的糧，就是我的肉，為世人之生命所賜的。」

(約翰福音 6:47-51)

耶穌說祂要賜祂的肉給信徒，實在令人費解，當時很多聽眾都難以接受，甚到離開耶穌：

「因此，猶太人彼此爭論說：「這個人怎能把他的肉給我們吃呢？」耶穌說：「我實實在在地告訴你們：你們若不吃人子的肉，

世界的黃昏 - 耶穌末世預言

不喝人子的血，就沒有生命在你們裏面。吃我肉喝我血的人就有永生，在末日我要叫他復活。我的肉真是可吃的，我的血真是可喝的。吃我肉、喝我血的人常在我裏面，我也常在他裏面。

永活的父怎樣差我來，我又因父活着；照樣，吃我肉的人也要因我活着。這就是從天上降下來的糧。吃這糧的人，就永遠活着，不像你們的祖宗吃過嗎哪還是死了。」這些話是耶穌在迦百農會堂裏教訓人說的。」

(約翰福音 6:52-59)

耶穌不斷重申，我的肉真是可吃的，我的血真是可喝的。吃我肉、喝我血的人常在我裏面，我也常在他裏面。吃這糧的人，就永遠活着。

耶穌強調，祂的說法是真的，這意味著，這不是假的，不是比喻！當信徒復活，耶穌賜他們吃生命的糧，是祂的肉、祂的血，吃後，信徒就永遠活着，就是永生。這不是指耶穌的精神永存，而是指復活後的永生。

有誰可以理解呢？若我們相信造物者可以賜生命，可以叫死人復活，亦可以將祂永活的生命賜給信祂的人，用的方法豈不也可以賜祂的肉和血給信的人嗎？

現時基督徒守聖餐，也是預表，耶穌再來時，祂分享祂的永活生命(祂的肉、祂的血)給信徒，使他們進入永生。

世界的黃昏 - 耶穌末世預言

當時，耶穌見聽眾難以接受，就說：

「這話是叫你們厭棄嗎？倘或你們看見人子升到他原來所在之處，怎麼樣呢？叫人活着的乃是靈，肉體是無益的。我對你們所說的話就是靈，就是生命。」

(約翰福音 6:61-63)

耶穌解釋，祂說的話就是靈，領受的信徒就得生命。

第 11 章：生命的光

當耶穌出來傳道的時候，他引述先知以賽亞的預言：

「那坐在黑暗裏的百姓，看見了大光；坐在死蔭之地的人，有光發現照着他們。」從那時候，耶穌就傳起道來，說：「天國近了，你們應當悔改！」(馬太福音 4:16-17)

在這個場景裡，人們坐在黑暗裡，看見有大光照着他們，耶穌就說天國近了。

究竟聽眾如何明白呢？他們生活在羅馬帝國，社會不公，生活受壓迫，貧窮、面對疾病之中。很多人認為黑暗就是没有希望的意思。天國即將到了，就是給人民一個盼望。

若不看耶穌的道是盼望的修辭，而看為一個預言，那每一句都會真實應驗！

參考耶穌的末世預言，祂降臨的時候，日、月、星都無光，世人都坐在黑暗裡。當耶穌降臨時，人們就看見大光照着他們，這就是天國到臨！

生命的光

世界的黃昏 - 耶穌末世預言

耶穌預言末世的時候，日月無光，世界變黑，祂就會降臨。從這個角度看，耶穌宣稱他是世界的光，確實是人類的盼望：

『耶穌又對眾人說：「我是世界的光。跟從我的，就不在黑暗裏走，必要得着生命的光。」』
(約翰福音 8:12)

當世界面臨巨大的災難時，跟從耶穌的就得着生命的光。誰可以跟着祂呢？是祂的門徒。

在約翰福 8 章，耶穌繼續解釋：
『耶穌對信他的猶太人說：「你們若常常遵守我的道，就真是我的門徒。你們必曉得真理，真理必叫你們得以自由。」… 「我實實在在地告訴你們：所有犯罪的，就是罪的奴僕。奴僕不能永遠住在家裏，兒子是永遠住在家裏。
所以天父的兒子若叫你們自由，你們就真自由了。」
(約翰福音 8:31-32,34-36)

誰是耶穌的門徒？
常常遵守耶穌的道，
曉得真理，因真理得自由，
不再作罪的奴僕。

甚麼是生命的光？

在約翰福音 1 章開始介紹耶穌的時候，就指出耶穌是造物主，祂也是生命的光：

「太初有道，道與神同在，道就是神。這道太初與神同在。萬物是藉着他造的，凡被造的，沒有一樣不是藉着他造的。生命在他裏頭，這生命就是人的光。光照在黑暗裏，黑暗卻不接受光。那光是真光，照亮一切生在世上的人。」
(約翰福音 1:1-5,9)

真光照亮世上的人，生命就是人的光。這裡將光比作生命，沒有光就沒有生命。從科學角度，萬物的確是靠光而活。

約翰福音 12 章記載耶穌警告：
『耶穌對他們說：「光在你們中間還有不多的時候，應當趁着有光行走，免得黑暗臨到你們；那在黑暗裏行走的，不知道往何處去。你們應當趁着有光，信從這光，使你們成為光明之子。」… 』
(約翰福音 12:35-36)

耶穌這段警告是語帶雙關的。當人在黑暗的罪惡中，漫無人生方向，應信從光明，脫離罪惡。人應趁可選擇信耶穌時，好使他們在末世的黑暗中成為光明之子。

在路加福音 9 章，耶穌警告不願意悔改跟從耶穌的人：

『耶穌又對眾人說：「若有人要跟從我，就當捨己，天天背起他的十字架來跟從我。因為，凡要救自己生命的，必喪掉生命；凡為我喪掉生命的，必救了生命。人若賺得全世界，卻喪了自己，賠上自己，有甚麼益處呢？凡把我和我的道當作可恥的，人子在自己的榮耀裏，並天父與聖天使的榮耀裏降臨的時候，也要把那人當作可恥的。我實在告訴你們：站在這裏的，有人在沒嘗死味以前，必看見神的國。』
(路加福音 9:23-27)

耶穌講跟從祂的意思是指向祂在榮耀中降臨時的情況，人若賺得全世界，卻喪了自己生命。耶穌說把祂看作可恥人也要被祂當作可恥，就不能成為光明之子。

對於生命的光是甚麼，耶穌亦於八天之後給門徒了解：

『說了這話以後約有八天，耶穌帶着彼得、約翰、雅各上山去禱告。正禱告的時候，他的面貌就改變了，衣服潔白放光。忽然有摩西、以利亞兩個人同耶穌說話；他們在榮光裏顯現，談論耶穌去世的事，就是他在耶路撒冷將要成的事。彼得和他的同伴都打

盹，既清醒了，就看見耶穌的榮光，並同他站着的那兩個人。二人正要和耶穌分離的時候，彼得對耶穌說：「夫子，我們在這裏真好！可以搭三座棚：一座為你，一座為摩西，一座為以利亞。」他卻不知道所說的是甚麼。說這話的時候，有一朵雲彩來遮蓋他們，他們進入雲彩裏就懼怕。有聲音從雲彩裏出來，說：「這是我的兒子，我所揀選的，你們要聽他。」
(路加福音 9:28-35)

耶穌面貌改變，衣服潔白放光，正是光明之子的形像。

耶穌也告訴門徒：

「你眼睛就是身上的燈。你的眼睛若瞭亮，全身就光明；眼睛若昏花，全身就黑暗。所以，你要省察，恐怕你裏頭的光或者黑暗了。若是你全身光明，毫無黑暗，就必全然光明，如同燈的明光照亮你。」
(路加福音 11:33-36)

耶穌指出，眼睛就是身上的燈，眼睛若瞭亮，全身就光明。要省察裏頭的光或者會變成黑暗。這意味着當人進入神的國，成爲光明之子，眼睛會發光如燈，全身光明。

這狀況與耶穌復活的早晨，婦女遇見衣服放光的天使一樣：

世界的黃昏 - 耶穌末世預言

「七日的頭一日，黎明的時候，那些婦女帶着所預備的香料來到墳墓前，看見石頭已經從墳墓滾開了，她們就進去，只是不見主耶穌的身體。正在猜疑之間，忽然有兩個人站在旁邊，衣服放光。
(路加福音 24:1-4)

詩篇亦有預言，在耶和華降臨的時候，義人要發旺，大有平安，好像月亮長存：

「太陽還存，月亮還在，人要敬畏你，直到萬代。他必降臨，像雨降在已割的草地上，如甘霖滋潤田地。在他的日子，義人要發旺，大有平安，好像月亮長存。」
(詩篇 72:5-7)

正如箴言 13 章所指，義人的光明亮：
「義人的光明亮，惡人的燈要熄滅。」
(箴言 13:9)

先知瑪拉基亦預言，在末世時，敬畏耶和華的人必有公義的日頭出現：

「萬軍之耶和華說：「那日臨近，勢如燒着的火爐，凡狂傲的和行惡的必如碎稭，在那日必被燒盡，根本枝條一無存留。但向你們

世界的黃昏 - 耶穌末世預言

敬畏我名的人，必有公義的日頭出現，其光線有醫治之能。你們必出來跳躍如圈裏的肥犢。」
(瑪拉基書 4:1-2)

向敬畏耶和華的人必有公義的日頭出現，其光線有醫治之能。這意味着，這公義的光會醫治人的疾病。

但以理書 12 章亦預言末世時，人要復活，有人得永生，智慧人必發光，如同天上的光；那使多人歸義的，必發光如星，直到永永遠遠：

「... 凡名錄在冊上的，必得拯救。睡在塵埃中的，必有多人復醒，其中有得永生的，有受羞辱、永遠被憎惡的。智慧人必發光，如同天上的光；那使多人歸義的，必發光如星，直到永永遠遠。...」
(但以理書 12:1-4)

智慧人是敬畏耶和華的人，使人歸義的人是傳福音的人，都永遠發光如星。

上述多段經文都確認信徒在進入永生時將永遠發光，不再在黑暗裡！

復活要發光

耶穌說，信徒復活後如天上的使者，形象可能像但以理先知所見到的接近：

「正月二十四日，我在底格里斯大河邊。舉目觀看，見有一人身穿細麻衣，腰束烏法精金帶。他身體如水蒼玉，面貌如閃電，眼目如火把，手和腳如光明的銅，說話的聲音如大眾的聲音。」(但以理書 10:4-6)

在異象中，天上的使者，形像發光：
面貌如閃電，
眼目如火把，
身體如水蒼玉(白色)，
身穿細麻衣，
手腳如光明銅，
聲如大眾的聲音。

在啟示錄 1 章，記載使徒約翰在異象中見到復活後在天上的耶穌基督，以前所未見的形像出現，與但以理先知見到的天上使者的形像接近：

「我轉過身來，要看是誰發聲與我說話。既轉過來，就看見七個金燈台。燈台中間有一位好像人子，身穿長衣，直垂到腳，胸間

束着金帶。他的頭與髮皆白，如白羊毛、如雪，眼目如同火焰，腳好像在爐中鍛煉光明的銅，聲音如同眾水的聲音。他右手拿着七星，從他口中出來一把兩刃的利劍，面貌如同烈日放光。我一看見，就仆倒在他腳前，像死了一樣。他用右手按着我說：「不要懼怕！我是首先的，我是末後的，又是那存活的；我曾死過，現在又活了，直活到永永遠遠，並且拿着死亡和陰間的鑰匙。」(啓示錄 1:12-18)

在異象中，復活後在天上的耶穌，形像發光：

面貌如同烈日放光，
眼目如同火焰，
頭與髮皆白，
身穿長衣，
腳像光明銅，
聲音如眾水。
明顯地，耶穌的形像比但以理先知見到的權柄更大：
他右手拿着七星，
從他口中出來一把兩刃的利劍，
拿着死亡和陰間的鑰匙。
祂是首先的，是末後的，又活到永遠。
祂手中的七星，就是七靈，口中出來的兩刃利劍，就是審判的能力。死亡和陰間都由祂掌管。

世界的黃昏 - 耶穌末世預言

當信徒進到天國，復活的形像也要發光如耶穌和天使相近！

現在我們說「為主發光」，就是：「你的光要照在人前」，榮耀上帝！

正如以賽亞書所講的人的光：

「我所揀選的禁食，不是要鬆開兇惡的繩，解下軛上的索，使被欺壓的得自由，折斷一切的軛嗎？不是要把你的餅分給飢餓的人，將飄流的窮人接到你家中，見赤身的給他衣服遮體，顧恤自己的骨肉而不掩藏嗎？

這樣，你的光就必發現如早晨的光，你所得的醫治要速速發明。你的公義必在你前面行，耶和華的榮光必作你的後盾。

那時你求告，耶和華必應允；你呼求，他必說：我在這裏。「你若從你中間除掉重軛和指摘人的指頭並發惡言的事，你心若向飢餓的人發憐憫，使困苦的人得滿足，你的光就必在黑暗中發現，你的幽暗必變如正午。」
(以賽亞書 58:6-10)

當人悔改、禁食禱告，憐憫窮人，照顧饑餓、赤身、無家漂泊的人，醫治便速速發明，禱告蒙應允，人的光就必發現！

世界的黃昏 - 耶穌末世預言

以賽亞先知預言，在耶和華的日子：

「興起！發光！因為你的光已經來到！耶和華的榮耀發現照耀你。看哪！黑暗遮蓋大地，幽暗遮蓋萬民，耶和華卻要顯現照耀你！他的榮耀要現在你身上。萬國要來就你的光，君王要來就你發現的光輝。」
(以賽亞書 60:1-3)

在末世時，當黑暗遮蓋大地，幽暗遮蓋萬民時，上帝要顯現照耀信徒，他的榮耀要現在信徒身上，興起，發光！

第 12 章: 天國近了

在主耶穌的三年傳道生涯的開始，祂的第一個訊息就是「天國近了」。

「天國近了」的訊息是由施洗約翰開始的。馬太福音首先講述施洗約翰在曠野開始傳道，馬太福音 3 章記載：

「那時，有施洗的約翰出來，在猶太的曠野傳道，說:「天國近了，你們應當悔改！」那時，耶路撒冷和猶太全地，並約旦河一帶地方的人，都出去到約翰那裏，承認他們的罪，在約旦河裏受他的洗。」

(馬太福音 3:1-2,5-6,13,16-17)

路加福音亦記載施洗約翰警告他們不悔改的後果：

約翰對那出來要受他洗的眾人說:「毒蛇的種類！誰指示你們逃避將來的忿怒呢？你們要結出果子來，與悔改的心相稱。不要自己心裏說:『有亞伯拉罕為我們的祖宗。』我告訴你們：神能從這些石頭中，給亞伯拉罕興起子孫來。現在斧子已經放在樹根上，凡不結好果子的樹就砍下來，丟在火裏。」

眾人問他說：「這樣，我們當做甚麼呢？」

約翰回答說：「有兩件衣裳的，就分給那沒有的；有食物的，也當這樣行。」

又有稅吏來要受洗，問他說：「夫子，我們當做甚麼呢？」

約翰說：「除了例定的數目，不要多取。」

又有兵丁問他說：「我們當做甚麼呢？」 約翰說：「不要以強暴待人，也不要訛詐人，自己有錢糧就當知足。」

(路加福音 3:7-14)

在這裡，悔改不單單是宗教信條和個人行為道德有關，也是涉及人與人之間的關係，包括財物的分享以及財物的公平公義的處理，亦涉及待人的態度。

耶穌也受了施洗約翰的洗，領受了聖靈，後來，耶穌聽見約翰下了監，就退到加利利去，離開拿撒勒，往迦百農去。

從那時候，耶穌就傳起道來，說：「天國近了，你們應當悔改！」(見馬太福音 4:12-13,17)。這個訊息與施洗約翰的訊息一樣。

世界的黃昏 - 耶穌末世預言

關於耶穌開始傳道的情況，另一福音書馬可福音的記載如下：

「約翰下監以後，耶穌來到加利利，宣傳神的福音，說：「日期滿了，神的國近了！你們當悔改，信福音！」」(馬可福音 1:14-15)

之後，耶穌呼召了十二個門徒，並給他們權柄，能趕逐污鬼，並醫治各樣的病症。耶穌差這十二個人去，吩咐他們隨走隨傳，說：『天國近了！』(馬太福音 10:1,5,7-8)

主耶穌所傳的道，就是天國近了，聽者要認自己的罪、悔改，信福音，好讓他們避開將來的憤怒。

<u>神的國幾時來到？</u>

在路加福音記載了一位法利賽人問耶穌神的國幾時來到，記載是：

"法利賽人問：「神的國幾時來到？」耶穌回答說：「神的國幾時來到不是眼所能見的。人也不得說：『看哪，在這裏！看哪，在那裏！』因為神的國就在你們心裏。」"

(路加福音 17:20-21)

此外，馬太福音亦記載了耶穌說：

「我若靠着神的靈趕鬼，這就是神的國臨到你們了。」(馬太福音 12:28)

這就表示，當耶穌靠著聖靈趕鬼，就是神的國到臨。

綜合而言，天國何時到來呢？耶穌藉聖靈趕逐鬼離開人心，天國就在心裡!。意思就是，當人心向著天國，天國就到來了！

不過！很多人仍未悔改，心沒有天國，鬼在心裡仍未趕出，因此，耶穌差門徒往普天下去傳遍福音，屆時天國就在人間。

按聖經所言，若惡人不願回轉，眼可見的實體天國最終會來，審判世界，更新一切！正如詩篇第 1 章所言：

「因此當審判的時候，惡人必站立不住；罪人在義人的會中也是如此。因為耶和華知道義人的道路，惡人的道路卻必滅亡。」

(詩篇 1:5-6)

第 13 章: 誰是世界的王？

耶穌在福音書講論「世界的王」(The Prince of this World)要被趕出去。

在約翰福音 14 章，記載了耶穌基督講述世界的王被趕出去。

「我現在心裏憂愁，我說甚麼才好呢？父啊，救我脫離這時候，但我原是為這時候來的。父啊，願你榮耀你的名。」 當時就有聲音從天上來說：「我已經榮耀了我的名，還要再榮耀。」站在旁邊的眾人聽見，就說：「打雷了。」還有人說：「有天使對他說話。」耶穌說：「這聲音不是為我，是為你們來的。現在這世界受審判，這世界的王要被趕出去。我若從地上被舉起來，就要吸引萬人來歸我。」耶穌這話原是指着自己將要怎樣死說的。(約翰福音 12:27-33)

當耶穌被舉起釘十字架而為萬民而死，並吸引萬民歸主，就表示這個世界被審判，世界的王被趕出去。

為甚麼耶穌被舉起釘十字架而死，就能吸引萬民歸主，世界被審判呢？

耶穌在約翰福音 14 章說：

世界的黃昏 - 耶穌末世預言

「以後我不再和你們多說話，因為這世界的王將到，他在我裏面是毫無所有。」

(約翰福音 14:30)

當耶穌將釘十字架的時候，祂告訴門徒，世界的王將到，他在耶穌裡毫無所有。意思是，世界的王要在世人裡面鼓動世人釘死耶穌，但世界的王並不能掌控耶穌的心。言下之意，世界的王進入世人裡面是要掌控世人的心。

耶穌在約翰福音 16 章說：

「然而我將真情告訴你們，我去是與你們有益的。我若不去，保惠師就不到你們這裏來；我若去，就差他來。他既來了，就要叫世人為罪、為義、為審判，自己責備自己。為罪，是因他們不信我；為義，是因我往父那裏去，你們就不再見我；為審判，是因這世界的王受了審判。」

(約翰福音 16:7-11)

當耶穌釘死後離世到天父那裡，聖靈保惠師就來，叫世人為罪、為義、為審判，自己責備自己。為罪，後悔自已因所犯的罪不信耶穌；為義，自責不義，讓耶穌担當自已的罪受死付上代價，回到天父那裡；為審判，是因所順從的世界的王受判刑。」

事實上，實體的世界之王並没有在耶穌被殺後消失，然而，當萬民被吸引歸向祂的時候，靈界上的世界的王就被趕出，不能再控制人心。當人心歸向耶穌的時候，世界的王就難以掌控世人。實體的世界就改變，操控世界的王亦再無能力留下來，都被趕出。

若世人不信，世界的王仍可操控世人，世人仍落在貧窮、失自由，受壓制，看不到希望的狀況，悲劇仍會持續，直至耶穌再來，以權能消滅世界的王，信徒便得贖。

世界的王如何操控世人？

世界的王是透過兩個層面操控世人，以鞏固其帝國：

首先，世界的王透過宗教掌控人心的靈性狀態以維持世人的勞動力、生產力和創造力，

其次，世界的王掌控物質世界的土地、資源及貨幣金錢。

當一個帝國興起，通常起始於人民的創造力和日益增長的生產力，帶來武器的改良和軍需品的生產力。

帝國的王用暴力、擄掠和金錢建立更大的武裝力量。透過戰爭和殺戮掠奪更多的土地及資源。

當帝國的王得到更多資源，透過武力建立更大的軍隊。當軍隊越大，軍

需越高，帝國的王就必須不斷剝削人民，壓制自由，讓人民不斷提高生產力。

當世人的可用資源受到世界的王掌控，世人就處於貧窮，被擄掠，被蒙蔽，受壓制的狀況，繼續為世界的王勞役，以鞏固世界的王的帝國。

帝國的王為了鞏固帝國的安全，一方面用宗教合理化他的執政，例如「王權天授」，又將社會科層化，以貴族控制官僚，官吏與土豪商賈勾結，放任地方流氓黑社會組織，一層一層欺壓，剝削底層的人民。

在帝國社會，人民放縱情欲，以娛樂，酗酒， 濫毒，麻醉自己，事實上，社會各階層人民未能正視物質生活的悲慘光景和困局。

當這種情況去到某個臨介點，人民在高壓和剝削下失去提升生產力和創造力的動力，財政力量難以支撐軍隊，帝國就開始分崩離析，遇到天災及強勁的對手出現，帝國就被取化。

世界多個帝國一方面掠奪剝削，另一方面推行宗教的偶像崇拜，將被征服的人民置於異教之下。

巴比倫帝國時代的帝國偶像崇拜

巴比倫帝國之下，尼布甲尼撒推行全民偶像崇拜。

「尼布甲尼撒王造了一個金像，高六十肘，寬六肘，立在巴比倫省杜拉

平原。那時，傳令的大聲呼叫說：「各方、各國、各族的人哪，有令傳與你們：你們一聽見角、笛、琵琶、琴、瑟、笙和各樣樂器的聲音，就當俯伏敬拜尼布甲尼撒王所立的金像。凡不俯伏敬拜的，必立時扔在烈火的窰中。」

(但以理書 3:1,4-6)

按考古資料，巴比倫帝國所拜的主神是馬爾杜克(Marduk)，是主管風雨和農產的邪神。馬爾杜克的形象是牛，手持鐮和龍蛇，被稱為 Bel (Lord)，亦即舊約的偶像巴力。

帝國的王為甚麼要花大量人力物力去推行唯一的偶像崇拜？這意味著帝國的王知道全民敬拜同一個帝國偶像，有助統一人民的思想和意志，放棄自己的自由而接受帝國的勞役。

波斯帝國時代的帝國偶像崇拜

波斯帝國敬拜的主神是阿胡拉-馬茲達（Ahura Mazda)，意思是「光明智慧之主」。常以太陽為標誌。

在波斯帝國時代，瑪代王大利烏下令禁止人民向神祈禱，**「若在王以外，或向神或向人求甚麼，就必扔在獅子坑中。」(但以理書 6:7)**

波期禁止向別神或人祈求，就是惟帝國的王獨尊，作為人民向王效忠的忠誠。

世界的黃昏 - 耶穌末世預言

希臘帝國時代的帝國偶像崇拜

希臘帝國所拜的主神是宙斯(Zeus)，原形是馬爾杜克(Marduk)。

在希臘帝國時代，西流古王朝的安提阿古四世(Antiochus IV Epiphanes)於主前 175-163 年在位，是希臘第一位自命為神的王，皮法尼斯(Epiphanes)就是神明彰顯的意思。

主前 167 年，耶路撒冷爆發暴亂，安提阿古四世派大軍平亂。之後決意要將耶路撒冷希臘化，廢除一切聖殿的律法、節期及獻祭，禁止守安息日及行割禮，更將聖殿用來敬拜希臘主神宙斯，並在聖殿以豬獻祭，下令猶太人吃祭偶像之物，違者處以死，容讓廟妓在聖殿內行淫。

希臘帝國透過限制當地宗教，強制帝國偶像崇拜，以統一靈性生活。很清楚，宗教是作為統一意識形態的手段， 蒙蔽民心，以鞏固帝國的管治。

羅馬帝國時代的帝國偶像崇拜。

到羅馬帝國時代，羅馬人敬拜主神朱彼特(Jupiter)，亦即是希臘的宙斯(Zeus)，其原形亦即是巴比倫的馬爾杜克(Marduk)。

羅馬帝國慢慢發展至與埃及一樣，埃及法老認為他們是神。

羅馬凱撒大帝稱帝後，他有一個刻有 Deo Invicto 的雕像「不敗的神」。

世界的黃昏 - 耶穌末世預言

奧古斯都 (Augustus) 在凱撒大帝死後平定內戰，廢除共和政體，成為羅馬帝國的開國皇帝，於主後 14 年 8 月 19 日逝世，奧古斯都名號是神聖至尊的意思，他去世後，羅馬元老院決議將他列為神，並將陽曆 8 月稱為“奧古斯都”月，8 月在英語稱為（August）的原因。

羅馬一個重要古蹟是奧古斯都神廟。

羅馬帝國第三任皇帝卡利古拉（Caligula），主後 37 年 – 41 年在任。卡利古拉命人將希臘諸神的雕像頭部換上自己的頭像，要求經過的人向他的神像敬拜，自命為神。

主後 66 年，羅馬巡撫富勒斯(Gessius Florus)因稅收減少，派兵到聖殿搶走聖殿銀庫內的銀幣，引發猶太人極度不滿，群起反抗。當時富勒斯派兵入耶路撒冷鎮壓，屠殺了 3600 人。耶路撒冷的聖殿祭司停止每天的凱撒獻祭，引發全城反抗羅馬統治。

聖城耶路撒冷於主後 70 年被羅馬將軍提圖斯(Titus)大軍攻破，聖殿被毀，城牆被拆，猶太人被屠殺，餘民被擄成為奴隸。

羅馬第 8 任皇帝多米田(Domitian)，在提圖斯死後成為羅馬皇帝，主後 81-96 在任，他下令要求人民以「我們的主、我們的神」稱呼他，基督徒拒絕稱他為神，就遭到羅馬帝國迫害屠殺。

世界的黃昏 - 耶穌末世預言

到了主後 135 年，耶路撒冷又再出現叛亂，羅馬皇帝哈德良(Hadrian)在平亂後把整個耶路撒冷城移平，清除一切猶太人的標記，並重新建造一座羅馬城市，名為 Aelia Capitolina ， 並禁止猶太人進入新城。Aelia 是皇帝哈德良的族名，Capitolina 是獻給朱庇特(Jupiter)神殿的意思。從此，耶路撒冷多由外邦的基督徒居住。該省份亦改名為敍利亞巴勒斯坦(Syria Palaestina)。

考古學家指出，各各他山周圍被造城者用大量泥土填平，聖墓亦全被埋在厚厚的泥土之下。在聖墓的原址上，羅馬皇帝德哈良建造了一座宏大的異教神廟，供奉異教主神祇朱庇特(Jupiter)，即希臘神話中的宙斯(Zeus)，眾神之主，天空及閃電之神。在其雕像的兩邊，放置了朱庇特的妻子/姊妹朱諾(Juno)，即眾神之后，生育及婚姻之神，希臘相對應的是赫拉(Hera)；另一邊是朱庇特的女兒 密涅瓦（Minerva)，即希臘神話中的雅典娜(Athena)，智慧，藝術，貿易及醫治女神。上述三個稱為 Triad on the Capitol 。

跟據凱撒利亞史家優西比烏（Eusebius of Caesarea）(265-340 年)的記載，在各各他山釘十字架盤石之上，皇帝哈德良建立了一座維納斯（Venus)神廟，即希臘的阿佛洛狄特（Aphrodite），埃及的依西斯（Isis），腓尼基的亞斯他錄（Astarte），或古巴比倫的阿舍拉(Ishtar)，是愛，美，性與生育之女神祇。這些神廟成為新城的中心，上面設置祭壇供奉異教神祇，極盡褻瀆。

由此看來，羅馬帝國要掌控他的人民，強制帝國偶像崇拜是麻痹人民的一種手段。

世界的黃昏 - 耶穌末世預言

於主後 274 年 12 月 25 日，羅馬皇帝奧勒良(Aurelian)宣佈無敵太陽神(Sol Invictus)的崇拜成為官方帝國宗教，無敵太陽神源於中東米索不達米亞文明，先在亞述帝國的敘利亞，後被巴比倫帝國吸納。在希臘帝國時代稱為 Helios。

奧勒良於 270 年－275 年在位使羅馬帝國恢復重新統一。無敵太陽神被奉為國教，是帝國統一意識形態的手段。

羅馬天主教時代的帝國宗教偶像

主後 306 年，羅馬皇帝君士坦丁(Constantine)即位。當時羅馬帝國急速衰落，在主後 313 年，君士坦丁與另一奧古士都李錫尼（Licinius）共同頒佈「米蘭詔令」，讓帝國有信仰自由，不再迫害基督徒，該詔令要求地方政府歸還教產，並定每周的休息日為星期日。

君士坦丁頒佈了多項對猶太人的禁令，不准猶太人進入耶路撒冷。

主後 325 年，君士坦丁在尼西亞召開第一次教會大公會議，在皇帝的主持下，會議作出一個「反猶」決定，就是每年復活節不再按照猶太曆在逾越節期間舉行。

330 年，君士坦丁給予教區審判權，免教會稅等。教會開始設立教區，崇拜禮儀化，分聖品階級，敬崇聖母聖人。

主後 390 年，君士坦丁死後，羅馬皇帝狄奧多西一世(Theodosius I)宣佈基督教為羅馬國教，並宣佈異教崇拜違法，開展西方千多年來的羅馬天主教傳統。

與希臘和羅馬時代的宗教偶像崇拜相比，基督教作為歐洲國家的國教，在西方黑暗時代仍然發揮著同樣的功能，合理化帝王的管治，蒙敝人民，忍受剝削和壓迫。至於帝國的王，仍然為了維持帝國的安全和擴張，推行掠奪和殺戮，並沒有遵行基督的教訓。

如此看來，世界的王的基本管治結構並沒有太大的改變！

大英帝國時代的帝國宗教

在英國，詹姆士六世
(James VI) (James Charles Stuart) 於 1567 年 7 月 24 日繼承蘇格蘭王位，其後於 1603 年 3 月 24 日繼承英格蘭王位及愛爾蘭王位，成為詹姆士一世，統一了大英帝國。

他推廣「皇權神授」的神學理論。

他支持蘇格蘭新教長老會(The Church of Kirk)脫離了羅馬天主教會，奉蘇格蘭王為教會之首(Head of Church of Kirk)。管理上以長老議會制為主。

在英格蘭，詹姆士一世支持英國主教制聖公會(The Angelican Episcopal Church)脱離羅馬天主教，支持清教徒運動。並立法指定英國王帝是英倫教會之首(The head of Church of England)。

他亦下令將聖經由拉丁文翻譯成英語聖經，詹姆士聖經英文譯本沿用至今。

由此來看，帝王政權以「王權天授」合理化他的統治，又控制教會組織，制度化神職人員(主教)以鞏固其統治。不過，教會並無法按耶穌的教導糾正帝王的行為。

與此同時，詹姆士一世用武力取締羅馬天主教徒，又捲入戰爭，在英國本土強徵高稅，民不聊生。其目的仍然是爭奪土地資源。

世界之王的套路基本上是一致。清醒的人用耶穌基督的教訓對照帝國統治者和宗教組織的行為，便容易看穿這種統治手段。

值得注意的是，美國在 1776 年 7 月 4 日立國，高舉民主自由。1886 年 10 月 28 日，法國人送給美國的自由神像（Statue of Liberty），立於紐約港，現已成為美國的主要標誌。其形象就是無敵太陽神的造形，頭帶的王冠一致。

世界的黃昏 - 耶穌末世預言

若從偶像崇拜的角度看，目前的美國一直延續著亞述，巴比倫，波斯，羅馬，希臘至今的太陽神崇拜。

如出一轍，日本的國教是「神道教」，神道教是崇拜大自然，敬拜的主神是太陽女神，稱為「天照大御神」，被奉為「皇祖神」，是日本天皇的祖先。如此，以神化日本天皇皇族以合理化其統治。日本國旗亦以太陽為標誌，當國民向國旗敬禮，就是崇拜天皇和太陽神。這就是強化帝國控制的手段。

靈界的爭戰

在路加福音 10 章記載了耶穌講述天國近了與靈界的爭戰。

「這事以後，主又設立七十個人，差遣他們兩個兩個地在他前面，往自己所要到的各城、各地方去，... 你們去吧！我差你們出去，如同羊羔進入狼羣。... 要醫治那城裏的病人，對他們說：『神的國臨近你們了。』

無論進哪一城，人若不接待你們，你們就到街上去，說：『就是你們城裏的塵土粘在我們的腳上，我們也當着你們擦去。雖然如此，你們該知道神的國臨近了。』

我告訴你們：當審判的日子，所多瑪所受的，比那城還容易受呢!「哥拉汛哪，你有禍了！伯賽大啊，你有禍了！因為在你們中間所行的異能若行在推羅、西頓，他們早已披麻蒙灰，坐在地上悔改了。

世界的黃昏 - 耶穌末世預言

當審判的日子，推羅、西頓所受的，比你們還容易受呢！

迦百農啊！你已經升到天上，將來必推下陰間。」

又對門徒說：「聽從你們的就是聽從我；棄絕你們的就是棄絕我；棄絕我的就是棄絕那差我來的。」

那七十個人歡歡喜喜地回來，說：「主啊！因你的名，就是鬼也服了我們。」

耶穌對他們說：「我曾看見撒但從天上墜落，像閃電一樣。

我已經給你們權柄可以踐踏蛇和蠍子，又勝過仇敵一切的能力，斷沒有甚麼能害你們。

然而，不要因鬼服了你們就歡喜，要因你們的名記錄在天上歡喜。」

正當那時，耶穌被聖靈感動就歡樂，說：「父啊，天地的主，我感謝你！因為你將這些事向聰明通達人就藏起來，向嬰孩就顯出來。父啊，是的，因為你的美意本是如此。

(路加福音 10:1-3,8-21)

耶穌賜權柄給門徒，到各大城市，醫治病症，趕鬼，傳天國近了的道。

並對各城市說，若不悔改，審判比所多瑪，推羅，西頓等歷史上被毀的大城所受的更大。

門徒歡天喜地回來告訴耶穌，因祂的名，就是鬼都服了他們。耶穌說，祂曾看見撒但從天上墜落，像閃電一樣。

在這裡要特別注意，當門徒奉耶穌的名趕鬼，耶穌說祂看見撒但從天上墜落，像閃電一樣。換言之，撒但這個「空中掌權者」失去力量掉到地上，而墜落時在物質世界所看到的是像閃電一樣！即是說，當信徒行使耶穌所賜的權柄，物質世界亦會出現變化！

耶穌特別向迦百農预言：「你已經升到天上，將來必推下陰間。」

耶穌為甚麼告訴迦百農城說，你已經升到天上，將來必推下陰間？這並不是表示，在實體世界，迦百農城已升上天，是指加迦百農城天上的黑暗靈界力量，將來會被打下陰間。

在舊約先知書上，亦有相似的預言：

在以賽亞書記載，耶和華向先知以賽亞說：

「你必題這詩歌論巴比倫王說：欺壓人的何竟息滅？強暴的何竟止息？耶和華折斷了惡人的杖、轄制人的圭，

世界的黃昏 - 耶穌末世預言

明亮之星，早晨之子啊！你何竟從天墜落？你這攻敗列國的，何竟被砍倒在地上？你心裏曾說：「我要升到天上！我要高舉我的寶座在神眾星以上；我要坐在聚會的山上，在北方的極處；我要升到高雲之上，我要與至上者同等。」

然而你必墜落陰間，到坑中極深之處。...萬軍之耶和華說：「我必興起攻擊他們，將巴比倫的名號和所餘剩的人，連子帶孫一並剪除。」這是耶和華說的。

(以賽亞書 14:4-5,9-15,20-27)

在這裡所講的巴比倫王，是明亮之星，早晨之子，要與至上者同等，卻從天墜落。

換言之，巴比倫王並不單單是血肉之軀，是天上的明亮之星，要與上帝同等，最後從天墜落。明顯地，巴比倫王所代表的是在他後面的靈界力量，最終失敗。

相似一樣，以西結書 28 章亦記載耶和華的話臨到先知以西結：

「人子啊，你為推羅王作起哀歌說：『主耶和華如此說：你無所不備：智

慧充足，全然美麗。

你曾在伊甸神的園中，佩戴各樣寶石，就是紅寶石、紅璧璽、金鋼石、水蒼玉、紅瑪瑙、碧玉、藍寶石、綠寶石、紅玉和黃金，又有精美的鼓笛在你那裏，都是在你受造之日預備齊全的。

你是那受膏遮掩約櫃的基路伯，我將你安置在神的聖山上，你在發光如火的寶石中間往來。

你從受造之日所行的都完全，後來在你中間又察出不義。

因你貿易很多，就被強暴的事充滿，以致犯罪，所以我因你褻瀆聖地，就從神的山驅逐你。遮掩約櫃的基路伯啊，我已將你從發光如火的寶石中除滅。

你因美麗心中高傲，又因榮光敗壞智慧，我已將你摔倒在地，使你倒在君王面前，好叫他們目睹眼見。

你因罪孽眾多，貿易不公，就褻瀆你那裏的聖所。故此，我使火從你中間發出燒滅你，使你在所有觀看的人眼前變為地上的爐灰。

各國民中，凡認識你的都必為你驚奇。你令人驚恐，不再存留於世，直到永遠。』」

(以西結書 28:11-19,21-24)

由上述的經文，表示推羅王背後的是那受膏遮掩約櫃的基路伯(天使)，因美麗心中高傲，又因榮光敗壞智慧，神將他摔倒在地。

在這論述中，神叫先知以西結為推羅王作哀歌，所講述的卻是墮落的天使基路伯受到懲罰。換言之，在推羅王的王權背後，就是靈界的力量。

當耶穌降臨的時候，世界之王就會被趕逐。耶穌就掌權。

第 14 章: 期待中的天國

當施洗約翰講論「天國近了」的訊息之前，歷代的先知早已預言天國的來臨，人們早已期待天國的來臨。

先知以賽亞的預言：

在黑暗中行走的百姓看見了大光，住在死蔭之地的人有光照耀他們。你使這國民繁多，加增他們的喜樂。他們在你面前歡喜，好像收割的歡喜，像人分擄物那樣的快樂。因為他們所負的重軛和肩頭上的杖並欺壓他們人的棍，你都已經折斷，好像在米甸的日子一樣。...

因有一嬰孩為我們而生，有一子賜給我們，政權必擔在他的肩頭上。他名稱為「奇妙策士」、「全能的神」、「永在的父」、「和平的君」！

他的政權與平安必加增無窮。他必在大衛的寶座上治理他的國，以公平公義使國堅定穩固，從今直到永遠。萬軍之耶和華的熱心必成就這事。

(以賽亞書 9:2-4,6-7)

世界的黃昏 - 耶穌末世預言

「奇妙策士」、「全能的神」、「永在的父」、「和平的君」必掌管政權！一切欺壓者必被摧毀。這個國是公平、公義、堅定穩固，直到永遠的。這國就是天國，馬太福音進一步解釋如下：

在馬太福音中，上述以賽亞的預言亦被引用，以解釋主耶穌的福音：

那坐在黑暗裏的百姓，看見了大光；坐在死蔭之地的人，有光發現照着他們。」從那時候，耶穌就傳起道來，說：「天國近了，你們應當悔改！」(馬太福音 4:16-17)

很多人以為天國是形而上的精神世界，信則有，不信則無，遠離物質世界。

對於先知但以理而言，天國的政權是直接取代物質世界的帝國的。

正如先知但以理向巴比倫王解夢中所作出的預言:

「王啊，你夢見一個大像，這像甚高，極其光耀，站在你面前，形狀甚是可怕。

這像的頭是精金的，胸膛和膀臂是銀的，肚腹和腰是銅的，腿是鐵的，腳是半鐵半泥的。

你觀看，見有一塊非人手鑿出來的石頭打在這像半鐵半泥的腳上，把腳砸碎，於是金、銀、銅、鐵、泥都一同砸得粉碎，成如夏天禾場上的糠

秕，被風吹散，無處可尋。打碎這像的石頭變成一座大山，充滿天下。」

「這就是那夢，我們在王面前要講解那夢：王啊，你是諸王之王，天上的神已將國度、權柄、能力、尊榮都賜給你。凡世人所住之地的走獸，並天空的飛鳥，他都交付你手，使你掌管這一切。你就是那金頭。

「在你以後必另興一國，不及於你。又有第三國，就是銅的，必掌管天下。

第四國，必堅壯如鐵，鐵能打碎剋制百物，又能壓碎一切，那國也必打碎壓制列國。

你既見像的腳和腳指頭一半是窰匠的泥，一半是鐵，那國將來也必分開。你既見鐵與泥攙雜，那國也必有鐵的力量。

那腳指頭既是半鐵半泥，那國也必半強半弱。

你既見鐵與泥攙雜，那國民也必與各種人攙雜，卻不能彼此相合，正如鐵與泥不能相合一樣。

「當那列王在位的時候，天上的神必另立一國，永不敗壞，也不歸別國的人，卻要打碎滅絕那一切國，這國必存到永遠。

你既看見非人手鑿出來的一塊石頭從山而出，打碎金、銀、銅、鐵、

泥，那就是至大的神把後來必有的事給王指明。這夢準是這樣，這講解也是確實的。」

(但以理書 2:31-45)

按照但以理先知的預言，由巴比倫帝國開始，前後共有四個帝國，最後天上的神必另立一個永不敗壞的國，這國要滅絕一切的國，並存到永遠，這就是神的國，也就是天國。

综合而論，神的國是不敗壞的，掃除欺壓，公平公義，掌政權者是坐在大衛的寶座上，直到永遠的。

按照歷史，統治世界主要面積的帝國共出現了四個超級帝國，由金的頭開始，是巴比倫帝國，亦是世界四大古國的第一個。第二個帝國是銀的胸膛和兩條膀臂，是瑪代波斯兩個民族合併出来的波斯帝國，取代了巴比倫帝國。第三個帝國是銅的肚腹和腰，是亞歷山大大帝建立的希臘帝國，版圖橫跨歐亞非洲。第四個帝國是取代希臘的羅馬帝國，其後，羅馬帝國分裂為東羅馬和西羅馬帝國，神聖羅馬帝國傾倒後，羅馬帝國的政權分散為眾多的歐洲、亞洲和非洲國家是鐵和泥的兩條腳和腳的指頭，由各種人攙雜，卻互不相合，正是當今世界體制下的種族情況。

世界的黃昏 - 耶穌末世預言

羅馬承接著希臘的文化，宗教和政治制度，以軍事力量和融合多民族的政制發展至耶穌的時代而發展至今日的社會。

耶穌降世時是羅馬帝國統治的時代，按但以理的預言，神的國在第四帝國之後開始，最終，天國要像一塊非人手鑿出來的石頭打在這像半鐵半泥的腳上，把腳砸碎，於是金、銀、銅、鐵、泥都一同砸得粉碎。打碎這像的石頭(天國)變成一座大山，充滿天下。

神的國

耶穌的福音就是「天國近了」，路加福音 4 章記載：

耶穌來到拿撒勒，就是他長大的地方。在安息日，照他平常的規矩進了會堂，站起來要念聖經。

有人把先知以賽亞的書交給他，他就打開，找到一處寫着說：

「主的靈在我身上，因為他用膏膏我，叫我傳福音給貧窮的人；差遣我報告被擄的得釋放，瞎眼的得看見，叫那受壓制的得自由，報告神悅納人的禧年。」

於是把書捲起來，交還執事，就坐下。會堂裏的人都定睛看他。耶穌對

世界的黃昏 - 耶穌末世預言

他們說：「今天這經應驗在你們耳中了。」(路加福音 4:16-21)

這就是天國的福音。天國的好消息是甚麼？

貧窮人有好消息；

被擄的得釋放；

瞎眼的得看見；

受壓制的得自由；

神悅納人的禧年將要來。

耶穌說這天國近了，換言之，天國將到，而末期未到，但世人已開始可以經驗到，「今天應驗在你們的耳中」。

在舊帝國之下，世人為甚麼落在貧窮、被擄，受壓制，瞎眼的黑暗狀況？是因為世界的王掌權！世界的王既是實體世界的帝國政權，亦是屬靈世界中的黑暗力量，當靈界的黑暗世界控制了地上的掌權者的心，世人也在靈性上和肉體上都在貧窮之下，被擄掠，受壓制下，並瞎眼看不見真光。

當天國來到，正如上面引述以賽亞書預言所述，住在死蔭之地的人有光照耀他們。國民繁多，加增喜樂歡喜。欺壓的棍就要折斷！被壓制的得自由！

很多人以為，死陰的黑暗就是世人在絕望中失去盼望，等候新的帝國的來臨，誰知，他們仍然在壓制之下，仍然繼續瞎眼，不願看到真光！真實的天國是靈性的自由和實體的自由。

猶太人當見到耶穌，以為祂是政治的彌賽亞，然而，當祂進行靈性的改革，否定宗教傳統條文的枷鎖，猶太人要維護舊宗教觀念，就要除去耶穌，釘耶穌十字架！

耶穌的真正天國的來臨，是當福音傳遍世界，實體的天國才會來到，意思是，當天國進入了世人的心，屬靈上開展天國，人心讓耶穌掌權，實體的天國才會到來。

在十八世紀以來，西方教會流行社會福音的觀念，認為教會及基督徒参與社會的改革，消除社會不公義和建立福利制度，社會就步入天國，耶穌就透過教會作王。

當羅馬帝國在三世紀立基督教為國教，羅馬天主教成為羅馬帝國的國家教會，全民改教成為基督徒，羅馬早期神學家以為天國已經降臨大地。

事實證明，「國權天授」的口號並未能合理化帝國的統治。人民仍然處於貧窮，被擄掠和受壓制。帝國之間的利益衝突繼續帶來戰爭，破壞和人命損失。直至二次世界大戰之後，社會福音徹底破產，西方人對傳統教會所講的天國福音越來越失望!

人唯有認識真正的天國，才明白甚麼才是耶穌基督的福音。

第 15 章：先知預言的末世

耶穌基督對末世的預言，其實是與舊約先知對神國降臨的預言一脈相承。

先知以賽亞的預言

在以賽亞書 31 章，先知以賽亞預言耶和華要降臨錫安山爭戰：

「耶和華對我如此說：「獅子和少壯獅子護食咆哮，就是喊許多牧人來攻擊牠，牠總不因他們的聲音驚惶，也不因他們的喧嘩縮伏。如此，萬軍之耶和華也必降臨在錫安山岡上爭戰。」

(以賽亞書 31:4)

以賽亞預言，耶和華會在火中降臨，以烈怒施行報應審判：

世界的黃昏 - 耶穌末世預言

「看哪，耶和華必在火中降臨。他的車輦像旋風，以烈怒施行報應，以火焰施行責罰。因為耶和華在一切有血氣的人身上，必以火與刀施行審判，被耶和華所殺的必多。」

(以賽亞書 66:15-16)

以賽亞預言，神要造新天新地，祂的子民要永存：

「耶和華說：「我所要造的新天新地，怎樣在我面前長存，你們的後裔和你們的名字也必照樣長存！每逢月朔、安息日，凡有血氣的必來在我面前下拜。」這是耶和華說的。」

(以賽亞書 66:22-23)

總結而言耶和華向先知以賽亞說預言，耶和華要在火中降臨，要降臨錫安山，列國都起來與上帝爭戰，祂要與祂的敵人爭戰，以火焰和刀施行審判，多人必被殺，報應惡人，

上帝要造新天新地，祂的子民要永存，並於每逢月朔、安息日，必來下拜敬拜祂。

先知但以理的預言

世界的黃昏 - 耶穌末世預言

「那時，保佑你本國之民的天使長米迦勒必站起來，並且有大艱難，從有國以來直到此時，沒有這樣的。你本國的民中，凡名錄在冊上的，必得拯救。

睡在塵埃中的，必有多人復醒，其中有得永生的，有受羞辱、永遠被憎惡的。

智慧人必發光，如同天上的光；那使多人歸義的，必發光如星，直到永永遠遠。

但以理啊，你要隱藏這話，封閉這書，直到末時。必有多人來往奔跑，知識就必增長。」

(但以理書 12:1-4)

在但以理的預言中，

將有大艱難，

以色列本國的民凡名錄在冊上的，必得拯救。

必有多人復活，復活的人中，有得永生的，有受羞辱、永遠被憎惡的。

智慧人必發光，使多人歸義的，必發光如星，直到永永遠遠。

有多人來往奔跑，知識就必增長。

換言之，在災難過後，人將復活受審判，天國的國民得拯救，義人得永生，必發光，來往奔跑，知識必增長。

撒迦利亞的預言

在撒迦利亞書 14 章，先知撒迦利亞預言耶和華的降臨。預言指出，神會與世上的國爭戰。

「耶和華的日子臨近，你的財物必被搶掠，在你中間分散。

因為我必聚集萬國與耶路撒冷爭戰，城必被攻取，房屋被搶奪，婦女被玷污，城中的民一半被擄去；剩下的民仍在城中，不致剪除。

那時，耶和華必出去與那些國爭戰，好像從前爭戰一樣。

那日，他的腳必站在耶路撒冷前面朝東的橄欖山上。這山必從中間分裂，自東至西，成為極大的谷。山的一半向北挪移，一半向南挪移。

你們要從我山的谷中逃跑，因為山谷必延到亞薩。你們逃跑，必如猶大王烏西雅年間的人逃避大地震一樣。耶和華我的神必降臨，有一切聖者同來。

那日，必沒有光，三光必退縮。

世界的黃昏 - 耶穌末世預言

那日，必是耶和華所知道的。不是白晝，也不是黑夜，到了晚上才有光明。

那日，必有活水從耶路撒冷出來，一半往東海流，一半往西海流。冬夏都是如此。

耶和華必作全地的王，那日耶和華必為獨一無二的，他的名也是獨一無二的。」

(撒迦利亞書 14:1-9)

在這段預言中，有幾個重點：

<u>耶和華與列國爭戰</u>

「那時，耶和華必出去與那些國爭戰，好像從前爭戰一樣。」(撒迦利亞書 14:3)

<u>耶和華降臨在橄欖山，出現地裂</u>

祂降臨時，祂會在耶路撒冷的橄欖山降臨，橄欖山自東向西裂開。

「那日，他的腳必站在耶路撒冷前面朝東的橄欖山上。這山必從中間分裂，自東至西，成為極大的谷。山的一半向北挪移，一半向南挪移。」

世界的黃昏 - 耶穌末世預言

(撒迦利亞書 14:3-9)

聖者與耶和華一同降臨

祂降臨時，有一切聖者同來，將有大地震。

「你們要從我山的谷中逃跑，因為山谷必延到亞薩。你們逃跑，必如猶大王烏西雅年間的人逃避大地震一樣。耶和華我的神必降臨，有一切聖者同來。」(撒迦利亞書 14:3-9)

日月無光

耶和華降臨時，將沒有光，日、月、星光都要退縮。

「那日，必沒有光，三光必退縮。那日，必是耶和華所知道的。不是白晝，也不是黑夜，到了晚上才有光明。」

(撒迦利亞書 14:6-7)

世界的黃昏 - 耶穌末世預言

耶和華降臨後，耶路撒冷將有活水，向東海及西海而流。

「那日，必有活水從耶路撒冷出來，一半往東海流，一半往西海流。冬夏都是如此。」

(撒迦利亞書 14:8)

耶和華降臨後，祂會作全地的王。

「耶和華必作全地的王，那日耶和華必為獨一無二的，他的名也是獨一無二的。」

(撒迦利亞書 14:9)

先知撒迦利亞預言，萬國將攻擊耶路撒冷，耶和華必與那些國爭戰。 祂必站在橄欖山上，將有大地震，這山必自東至西裂開成為大谷。上帝必與一切聖者降臨， 那日必沒有光，三光必退縮，到了晚上才有光明。 必有活水從耶路撒冷向東西流出， 耶和華作全地的王。先知撒迦利亞的預言與耶穌的末世預言一致。

換言之，在末世時，列國要攻佔以色列。

世界的黃昏 - 耶穌末世預言

上帝要與祂的聖者降臨，當祂降臨時：

祂降臨在以色列的橄欖山，

降臨後橄欖山出現大地震，

日、月、星三光無光。

各國要與上帝爭戰，最後祂要成為全地的王。

瑪拉基書的預言

瑪拉基先知預言耶和華的日子，是審判的日子，亦是公義的日子。那日臨近，勢如火爐，惡人被懲罰，有公義的日頭出現，其光線有醫治的能力。

「萬軍之耶和華說：「那日臨近，勢如燒着的火爐，凡狂傲的和行惡的必如碎稭，在那日必被燒盡，根本枝條一無存留。但向你們敬畏我名的人，必有公義的日頭出現，其光線有醫治之能。你們必出來跳躍如圈裏

的肥犢。你們必踐踏惡人；在我所定的日子，他們必如灰塵在你們腳掌之下。」這是萬軍之耶和華說的。

(瑪拉基書 4:1-3)

瑪拉基先知指出，那時，耶和華有紀念冊記念敬畏祂的人，耶和華會憐恤他們，祂會將善人和惡人，事奉神的和不事奉神的分別出來。

「那時，敬畏耶和華的彼此談論，耶和華側耳而聽，且有紀念冊在他面前，記錄那敬畏耶和華、思念他名的人。萬軍之耶和華說：「在我所定的日子，他們必屬我，特特歸我。我必憐恤他們，如同人憐恤、服事自己的兒子。那時，你們必歸回，將善人和惡人，事奉神的和不事奉神的分別出來。」

(瑪拉基書 3:16-18)

總結而言，在耶和華的日子，祂會施行審判， 懲罰惡人，憐恤敬畏祂的人，分別善人和惡人，事奉神的和不事奉神的人。

從舊約先知的預言中，可以歸納為以下幾點：

世界的黃昏 - 耶穌末世預言

在耶和華的日子：

耶和華會從天在火中而降

祂會與所有聖者同來

祂會在橄欖山降臨

祂會與仇敵爭戰

將會有大地震

日月星會退縮，天上没有光。

祂將會審判懲罰惡人

義人得到醫治，

敬畏祂的人得到紀念和憐恤，

祂要作全地的王，

祂要造新天新地，

有活水由耶路撒冷向東海西海而流，

整體上，神國來臨的情況與耶穌基督的預言一致。在舊約先知的預言中，所講的是耶和華降臨，在新約福音書中，所講的是耶穌基督降臨和審判。正如耶穌在約翰福音所指出的，人見到人子就是見到父，子在父裡面，父在子裡面。在三位一體的角度理解，舊約中的耶和華的日子，就是耶穌降臨的日子，耶和華的審判就是耶穌基督的審判。

詩篇的末世新天新地預言

「天地都要滅沒，你卻要長存；天地都要如外衣漸漸舊了，你要將天地如裏衣更換，天地就都改變了。

惟有你永不改變，你的年數沒有窮盡！

你僕人的子孫要長存，他們的後裔要堅立在你面前。」

(詩篇 102:26-28)

在詩篇的預言中，天地都要滅沒，天地就都改變。上帝的僕人及其子孫要長存。

在詩篇 72 篇的預言詩中指出，神必降臨：介時，義人將發旺，大有平安。

「太陽還存，月亮還在，人要敬畏祢，直到萬代。

祂必降臨，像雨降在已割的草地上，如甘霖滋潤田地。在祂的日子，義

人要發旺，大有平安，好像月亮長存。」

(詩篇 72:5-7)

當天地滅沒後，天地就都改變，屆時，太陽還存，月亮還在，人要敬畏上帝直到萬代。義人要發旺，大有平安，好像月亮長存一樣。

換言之，災難過後，敵擋耶穌的世界的王將要被消滅，耶穌要審判活人和復活後的死人，義人得永生，身體得到醫治，發出光來，知識增長。

天地改變，太陽及月亮還在，人就敬畏上帝直到萬代，耶穌成為全地的主！

在新天新地的盼望裡，如今常存的有「信、望、愛」。當我們有信心，末世的盼望，就能活出愛來，面對世界的逆境！

有很多人懷疑，若上帝是愛，又是全能，為何祂容許世間的悲劇，邪惡，疾病，為何祂不立刻消滅世界的黑暗？
若祂消滅世界的罪惡，就需要立刻連同參與罪惡的世人一同消滅，亦不再會有悔改的機會。上帝延遲審判，是因為祂愛世人，不願他們沉淪。到上帝的時候到達，審判就到來，世人就要面對公義的審判。

那麼，上帝延遲審判，對義人來說不公義嗎？相對他們悔改前順從世界的王所犯的罪，他們受苦是應份的，但相對他們悔改後所蒙的恩，新天新地的永生福樂是何等恩典！

第 16 章: 使徒保羅的末世預言

末世大審判

在帖撒羅尼迦後書 1 章，使徒保羅警告，在末世必有大審判，申張神的公義：

「神既是公義的，就必將患難報應那加患難給你們的人；也必使你們這受患難的人與我們同得平安。

那時，主耶穌同他有能力的天使從天上在火焰中顯現，

要報應那不認識神和那不聽從我主耶穌福音的人。他們要受刑罰，就是永遠沉淪，離開主的面和他權能的榮光。

這正是主降臨，要在他聖徒的身上得榮耀，又在一切信的人身上顯為希奇的那日子。我們對你們作的見證，你們也信了。」

(帖撒羅尼迦後書 1:6-10)

當主耶穌降臨時，他的審判是要報應：

不認識神的人，

不聽從耶穌福音的人。

他們要受刑罰，就是永遠沉淪，離開耶穌的面和他權能的榮光。

有人認為，耶穌不是愛嗎？祂充滿憐憫和包容大愛，祂已在十字架上受死，救贖了世人，祂不需要審判世人？

不過，神既是愛，亦是公義的，對於不認罪，不悔改，拒絕承認造物主，拒絕救恩的世人，審判必然臨到。結局是永遠沉淪，離開耶穌的面和他權能的榮光。亦即在黑暗之中。

對於按社會習俗，家庭傳統，曾承認耶穌是救主的人，卻沒有認罪悔改，這些人會否受審判嗎？這些人既不認識神的公義，又不聽從耶穌的教導生活，並不活出福音，公義的主將會如何審判呢？當這些人復活後面對耶穌的審判，結局如何？按耶穌的審判的預言，亦會在黑暗之中。

大罪人

使徒保羅在帖撒羅尼迦後書 2 章指出，在耶穌降臨之前，必有大罪人(The man of lawlessness)出現。

「弟兄們，論到我們主耶穌基督降臨和我們到他那裏聚集，我勸你們：無論有靈、有言語、有冒我名的書信，說主的日子現在到了，不要輕易動心，也不要驚慌。人不拘用甚麼法子，你們總不要被他誘惑！

世界的黃昏 - 耶穌末世預言

因為那日子以前，必有離道反教的事，並有那大罪人，就是沉淪之子，顯露出來。他是抵擋主，高抬自己，超過一切稱為神的和一切受人敬拜的，甚至坐在神的殿裏自稱是神。

我還在你們那裏的時候，曾把這些事告訴你們，你們不記得嗎？

現在你們也知道那攔阻他的是甚麼，是叫他到了的時候，才可以顯露。

因為那不法的隱意已經發動，只是現在有一個攔阻的，等到那攔阻的被除去，那時這不法的人必顯露出來，主耶穌要用口中的氣滅絕他，用降臨的榮光廢掉他。

這不法的人來，是照撒但的運動，行各樣的異能、神蹟和一切虛假的奇事，

並且在那沉淪的人身上，行各樣出於不義的詭詐，因他們不領受愛真理的心，使他們得救。

故此，神就給他們一個生發錯誤的心，叫他們信從虛謊，使一切不信真理、倒喜愛不義的人都被定罪。」

(帖撒羅尼迦後書 2:1-12)

大罪人的出現是耶穌降臨前的指標。耶穌降臨時，祂要用口中的氣滅絕他，並用祂的榮光廢掉他，

世界的黃昏 - 耶穌末世預言

在大罪人出現以前，必有離道反教的事。

這大罪人是沉淪之子，他是抵擋耶穌，高抬自己，超過一切稱為神的和一切受人敬拜的，甚至坐在神的殿裏自稱是神。

大罪人是照撒但的運動，行各樣的異能、神蹟和一切虛假的奇事。

大罪人在沉淪的人身上行不義的詭詐，使他們不領受真理，倒喜愛不義，他們信從虛謊，最後都被定罪。

換言之，在不斷離道反教的事件出現，大罪人行詭詐，行各樣異能、神蹟和一切虛假的事，自稱為神，甚至坐在神的殿裏自稱是神，令一切受迷惑的人被定罪！

這大罪人應曾是信徒，後反教，用詭詐、不按法律行事，行了異能、神蹟，自稱為神。他用詭詐不義，叫人沉淪，最後被定罪。

從現實角度看，祇有政治人物才有此影響力。他應來自西方基督教背境國家，曾是信徒，後脱離教會的影響，用詭計不法不義的方法得到權力，並推行沉倫的政策使人順從虛謊，不愛真理，喜愛不義，甚至自稱為神。

今天西方政黨政客，大部份都宣稱是基督徒，甚少去教會，在民主制度下，政客不斷抹黑執政政府， 煽動民眾不滿情緒，用謊言迷惑選民，谷無法交付政績。這些政客鈎結財團，用大量金錢控制傳媒，社交媒體 。

世界的黃昏 - 耶穌末世預言

在競選造勢活動時，經常被團隊吹捧神化。在投票活動時，經常出現賄選，選舉舞弊， 扭曲司法。

這些政客推動法案，使人民沉淪，離開上帝。今天西方人縱欲， 毒品泛濫，全都是麻醉人民的手段，低下層貧窮，就是勞役人民的方法。

目前要觀察的是，此人甚麼時候行異能/神蹟，自稱為神，坐在神的殿裏自稱是神。

當耶穌降臨時，此大罪人必會帶領各國用軍事行動敵擋耶穌。耶穌要用口中的氣滅絕他，並用祂的榮光廢掉他。

被提

使徒保羅於帖撒羅尼迦前書 4 章記道，活着的信徒和死去的信徒復活後一起被提上空中，與降臨的耶穌相遇:

"論到睡了的人，我們不願意弟兄們不知道，恐怕你們憂傷，像那些沒有指望的人一樣。

我們若信耶穌死而復活了，那已經在耶穌裏睡了的人，神也必將他與耶穌一同帶來。

我們現在照主的話告訴你們一件事：我們這活着還存留到主降臨的人，斷不能在那已經睡了的人之先，

因為主必親自從天降臨，有呼叫的聲音和天使長的聲音，又有神的號吹響；那在基督裏死了的人必先復活。

以後我們這活着還存留的人必和他們一同被提到雲裏，在空中與主相遇。這樣，我們就要和主永遠同在。

(帖撒羅尼迦前書 4:13-17)

被提的先後次序是：

主必親自從天降臨，

有三種聲音聽到：

有呼叫的聲音，

天使長的聲音，

有神的號吹響；

那在基督裏死了的人必先復活，

活着還存留的人和復活的信徒一同被提，

到雲裏在空中與主相遇。

到那時，信徒就脱離地上的災難，永遠與耶穌一起。

信徒身體改變

使徒保羅在哥林多前書 15 章勸勉信徒，講述信徒復活後的身體改變：

「弟兄們，我告訴你們說，血肉之體不能承受上帝的國，必朽壞的不能承受不朽壞的。 我如今把一件奧祕的事告訴你們：我們不是都要睡覺，乃是都要改變， 就在一霎時，眨眼之間，號筒末次吹響的時候。因號筒要響，死人要復活成為不朽壞的，我們也要改變。 這必朽壞的總要變成不朽壞的，這必死的總要變成不死的。」

(哥林多前書 15:50-57)

耶穌降臨時，

號筒末次吹響的時候，就在一霎時，眨眼之間，活著的信徒身體要改變，必朽壞的身體要成為不朽壞，必死的要變成不死的。原因是，朽壞的身體不能進天國。

換言之，當耶穌降臨時，號筒吹響，活着的信徒身體就立刻改變，不再朽壞！死去的信徒亦以不朽的身體復活。

保羅在腓立比書 3 章指出，信徒復活後的形體將會改變成為近似耶穌的榮耀：

「我們卻是天上的國民，並且等候救主，就是主耶穌基督從天上降臨。他要按着那能叫萬有歸服自己的大能，將我們這卑賤的身體改變形狀，和他自己榮耀的身體相似。」

(腓立比書 3:20-21)

耶穌降臨後，祂要將信徒的身體改變形狀，和祂的榮耀相似。這應該在信徒復活後或被提到空中與耶穌相遇時，身體改變為耶穌的榮耀相似。

第 17 章: 使徒彼得的預言

耶穌的門徒彼得按他從耶穌的教訓及其後的領受也在其一世紀後期告誡信徒末世將要發生的事情和耶穌降臨及大審判。

萬物的結局

彼得後書 3 記道：

「但主的日子要像賊來到一樣。那日，天必大有響聲廢去，有形質的都要被烈火銷化，地和其上的物都要燒盡了。

這一切既然都要如此銷化，你們為人該當怎樣聖潔、怎樣敬虔，切切仰望神的日子來到。在那日，天被火燒就銷化了，有形質的都要被烈火熔化。但我們照他的應許，盼望新天新地，有義居在其中。」

(彼得後書 3:10-13)

總結而言：

世界的黃昏 - 耶穌末世預言

在主的日子：

天必大有響聲廢去，

天被火燒就銷化了，

有形質的都要被烈火銷化，

盼望新天新地，有義居在其中。

正如耶穌所講，天地都要廢去。這情境會如何出現嗎？可想像，有巨大殞石撞向地球，在大氣層中高速摩擦如火球，大氣層中的氧氣著火，燒著大氣層，地面的形體都被焚毀消滅。

即使沒有殞石撞地球，人類自已也可能引發核戰，當大型核彈引發爆炸，在大響聲中地面和天空就被燃燒，有形質的都要被烈火銷化，地和其上的物都要燒盡。

那麼，世人盼望甚麼新天新地？惟有創造主接信徒到天國的新天新地。

生活的準備

彼得告誡信徒在生活行為上要準備將來的末世大審判。在彼得前書 1 章記述：

世界的黃昏 - 耶穌末世預言

「那召你們的既是聖潔，你們在一切所行的事上也要聖潔。因為經上記着說：「你們要聖潔，因為我是聖潔的。」你們既稱那不偏待人、按各人行為審判人的主為父，就當存敬畏的心，度你們在世寄居的日子。」(彼得前書 1:15-17)

彼得告誡信徒要為大審判作準備，要過聖潔敬畏神的生活。信徒在世上是寄居，最後要進天國去。

心態上的準備

彼得前書 4 章指出，當存忍耐的心面對苦難，就與罪斷絕，準備向審判活人死人的耶穌交賬:

「基督既在肉身受苦，你們也當將這樣的心志作為兵器，因為在肉身受過苦的，就已經與罪斷絕了。你們存這樣的心，從今以後，就可以不從人的情慾，只從神的旨意在世度餘下的光陰。因為往日隨從外邦人的心意行邪淫、惡慾、醉酒、荒宴、羣飲，並可惡拜偶像的事，時候已經夠了。他們在這些事上，見你們不與他們同奔那放蕩無度的路，就以為怪，毀謗你們。他們必在那將要審判活人死人的主面前交賬。為此，就是死人也曾有福音傳給他們，要叫他們的肉體按着人受審判，他們的靈性卻靠神活着。(彼得前書 4:1-6)

世界的黃昏 - 耶穌末世預言

彼得的教導是，在肉身受過苦，就可以不從人的情慾，只從神的旨意，就已經與罪斷絕了。不與世人同流放縱，雖受世人毀謗，但在耶穌的審判活人死人時就可以交賬。

在今天物慾橫流的社會，受苦是有益處的，不放縱性情追求慾望，卻可斷絕犯罪。

在消費社會裡，節制欲望常被人嘲笑毀謗，斥責為不合時宜，卻可面對耶穌的大審判。

正如彼得在彼得前書 4 章其後所指：

「萬物的結局近了，所以你們要謹慎自守，警醒禱告。最要緊的是彼此切實相愛，因為愛能遮掩許多的罪。」(彼得前書 4:7-8)

總結而言，世人在末世來臨前，要保守聖潔，禁介情欲，斷絕罪惡自守，以禱告和愛互相遮蓋，堅持到萬物的結局。

在災難中自處

彼得勸勉世人看災難的來臨如用試驗：

「親愛的弟兄啊，有火煉的試驗臨到你們，不要以為奇怪，似乎是遭遇非常的事，倒要歡喜。因為你們是與基督一同受苦，使你們在他榮耀顯

現的時候，也可以歡喜快樂。

你們若為基督的名受辱罵，便是有福的，因為神榮耀的靈常住在你們身上。

你們中間卻不可有人因為殺人、偷竊、作惡、好管閒事而受苦；

若為作基督徒受苦，卻不要羞恥，倒要因這名歸榮耀給神。

因為時候到了，審判要從神的家起首。若是先從我們起首，那不信從神福音的人將有何等的結局呢？

若是義人僅僅得救，那不虔敬和犯罪的人將有何地可站呢？

所以，那照神旨意受苦的人要一心為善，將自己靈魂交與那信實的造化之主。」

(彼得前書 4:12-19)

彼得指出，信徒要受試煉，必須忍耐。因為若為基督的名受辱罵，便是有福的，因為神榮耀的靈常住在身上。

最後，審判要從神的家起首。換言之，信徒亦需要被審判，向耶穌交賬，義人是僅僅得救的。

世界的黃昏 - 耶穌末世預言

耶穌未降臨的原因

彼得解釋耶穌尚未見降臨的原因：

「叫你們記念聖先知預先所說的話和主救主的命令，就是使徒所傳給你們的。

第一要緊的，該知道在末世必有好譏誚的人，隨從自己的私慾出來譏誚說：

「主要降臨的應許在哪裏呢？因為從列祖睡了以來，萬物與起初創造的時候仍是一樣。」

他們故意忘記，從太古憑神的命有了天，並從水而出藉水而成的地。故此，當時的世界被水淹沒就消滅了。

但現在的天地還是憑着那命存留，直留到不敬虔之人受審判遭沉淪的日子，用火焚燒。

親愛的弟兄啊，有一件事你們不可忘記，就是主看一日如千年，千年如一日。

主所應許的尚未成就，有人以為他是耽延，其實不是耽延，乃是寬容你們，不願有一人沉淪，乃願人人都悔改。」

(彼得後書 3:1-13)

世界的黃昏 - 耶穌末世預言

彼得解釋，耶穌未見降臨，其實不是耽延，乃是寬容世人，不願有一人沉淪，乃願人人都悔改。

事實上，當人去世後，復活受審時，就見到降臨的耶穌。因此，不要信心動遙。

對於信徒的生活

彼得特別警告信徒，這不是進天國的簽証，信徒要有生活上的改造：

「神的神能已將一切關乎生命和虔敬的事賜給我們，皆因我們認識那用自己榮耀和美德召我們的主。因此，他已將又寶貴、又極大的應許賜給我們，叫我們既脫離世上從情慾來的敗壞，就得與神的性情有分。正因這緣故，你們要分外地殷勤。

有了信心，又要加上德行；有了德行，又要加上知識；

有了知識，又要加上節制；有了節制，又要加上忍耐；有了忍耐，又要加上虔敬；

有了虔敬，又要加上愛弟兄的心；有了愛弟兄的心，又要加上愛眾人的心。

你們若充充足足地有這幾樣，就必使你們在認識我們的主耶穌基督上，不至於閒懶不結果子了。

人若沒有這幾樣，就是眼瞎，只看見近處的，忘了他舊日的罪已經得了潔淨。

所以弟兄們，應當更加殷勤，使你們所蒙的恩召和揀選堅定不移。你們若行這幾樣，就永不失腳。

這樣，必叫你們豐豐富富地得以進入我們主救主耶穌基督永遠的國。」

(彼得後書 1:3-11)

彼得告诫信徒要堅定以下生活態度：

有了信心，

加上德行；

加上知識，

加上節制；

加上忍耐；

加上虔敬；

加上愛弟兄的心；

加上愛眾人的心。

信徒按這樣生活，他們便不至不結果子，在耶穌的審判日子得以交賬。

失去信心的信徒的下場

彼得特別警告失去信心的信徒的下場：

「主知道搭救敬虔的人脫離試探，把不義的人留在刑罰之下，等候審判的日子。

那些隨肉身縱污穢的情慾、輕慢主治之人的，更是如此。 他們膽大任性，毀謗在尊位的也不知懼怕，行的不義，就得了不義的工價。這些人喜愛白晝宴樂，他們已被玷污，又有瑕疵，正與你們一同坐席，就以自己的詭詐為快樂。

他們應許人得以自由，自己卻作敗壞的奴僕，因為人被誰制伏，就是誰的奴僕。

倘若他們因認識主救主耶穌基督，得以脫離世上的污穢，後來又在其中被纏住制伏，他們末後的景況就比先前更不好了。

他們曉得義路，竟背棄了傳給他們的聖命，倒不如不曉得為妙。」

(彼得後書 2:9-10,13,19-21)

彼得警告，對於認識救恩的人，又回到世界，在其中被纏住制伏，他們末後的景況就比先前更不好。

有些信徒隨肉身縱污穢的情慾、輕慢主治，膽大任性，毀謗在尊位的也不知懼怕，行的不義，

這些人喜愛白晝宴樂，他們已被玷污，又有瑕疵，卻又與教會弟兄姊妹一同坐席吃飯，以詭詐為快樂。

這些信徒應許人得以自由，自己卻作敗壞的奴僕。

這些信徒行的不義，就得了不義的工價。神要把不義的人留在刑罰之下，等候審判的日子。

說得十分清潔，對於敗壞的信徒，他們最終要在刑罰之下，等候審判。

現時有些神學觀念，信徒「一次得救，永遠得救」，指神會永遠保守他們。對於公義的神，這些離道行不義的人，他們最終要保守在刑罰之下，等候審判。這是現代人要警醒的！

有些信徒離道，跟從世界，覺得其他宗教更為寬容接納，心靈更平靜，認為是宗教自由。因為他們不去想，將精力注意在世界事務和享樂上，不去面對罪惡，以為到人死如燈滅，一切抹去。或

者以為，人死後靈魂上天堂，得享安息。

然而，創造主會叫死人復活，按他們的生命冊審判。他們的沉淪會是永永遠遠！

第 18 章: 使徒約翰的末世預言

敵基督

使徒約翰表明，在末世時，敵基督(Antichrist)要來，這亦表示，當我們發現敵基督出現，末時已到！

「敵基督」這名詞衹出現於使徒約翰的約翰一書和約翰二書。

在流行文化的傳播下，很多人以為敵基督就是末來將出現的一個人物，陰謀奪取世界權力，帶來世界的毀滅。

事實上，使徒約翰所指的「敵基督」並非如此，而是基督教的異端。

誰是敵基督？

約翰一書指出：

「小子們哪，如今是末時了。你們曾聽見說，那敵基督的要來。現在已經有好些敵基督的出來了，從此我們就知道如今是末時

了。」(約翰一書 2:18)

敵基督不是一個人，是好些人，而且在約翰的時代已經出現。

怎樣識別敵基督？

「誰是說謊話的呢？不是那不認耶穌為基督的嗎？不認父與子的，這就是敵基督的。」(約翰一書 2:22)

總結而言：
敵基督是說謊話的。
敵基督是不認耶穌為基督的。
敵基督就是不認父與子的。

換言之，敵基督是不認耶穌是救主(基督)，意思是，
敵基督不覺得有被拯救的需要。這些人覺得，人生有其他的出路或途徑。敵基督是不認耶穌是天父的兒子。

現時，有些教派認為耶穌是賢人智者，卻不承認耶穌的神聖。有些教派認為耶穌是先知，不承認耶穌與天父是父與子的關係。又有些教派認為耶穌是天使長。

從使徒約翰的定義，上述教派就是敵基督！

敵基督有一個識別方法：

「凡靈不認耶穌，就不是出於神，這是那敵基督者的靈。你們從前聽見他要來，現在已經在世上了。小子們哪，你們是屬神的，並且勝了他們，因為那在你們裏面的，比那在世界上的更大。他們是屬世界的，所以論世界的事，世人也聽從他們。我們是屬神的，認識神的就聽從我們；不屬神的，就不聽從我們。從此我們可以認出真理的靈和謬妄的靈來。」(約翰一書 4:3-6)

由此可見，識別敵基督的是敵基督的靈，這靈是謬妄的靈，不是真理的靈。這謬妄的靈是叫人混亂真理，這靈叫人不認耶穌。這靈是屬世界的，關於世界的事，世人都聽他。不屬神的人就不聽耶穌的道。

敵基督的靈是迷惑世人聽他的，叫人不認耶穌。屬耶穌的勝了敵基督，因為那在信徒裏面的更大。

敵基督如何迷惑世人？

「因為世上有許多迷惑人的出來，他們不認耶穌基督是成了肉身來的，這就是那迷惑人、敵基督的。」(約翰二書 1:7)

敵基督是迷惑人不認耶穌是成了肉身來的。這就認出敵基督。歷史上有不少教派認為耶穌是神的兒子，卻不是成肉身來，而是附人身體而來，或以靈體顯現。
若耶穌不是以肉身而來，祂的受死，埋葬，復活就是幻像，沒有為世人贖罪的意義，亦沒有能力應許信徒死後肉身復活永生的能力。

由此看來，敵基督的出現是要迷惑世人，否定耶穌的救贖，祗把耶穌的工作弱化為宗教道德的教師而已。

敵基督(Antichrist)希臘的字義上有代替基督的意思，他迷惑世人，就是要誤導信徒，不行上帝旨意的方向，沒有認信耶穌是神的兒子，是基督，被神差到世上叫人信祂，失去救恩。

敵基督的出現，表示末時已到。

歷史上有很多政治人物，用意識形態迷惑人民，令人民以為他是神，是世界或國家的救主，在羅馬帝國的時代，有不少帝王的稱號都自稱是神。目的是用政治宗教勢力，迷惑和控制人民。

在近代的民主制度下，二次世界大戰前，意大利的墨索里尼和德國的希特拉都先後在經濟危機時挑動人民仇恨和民粹主義，對基督信仰失去信心，並在選舉上得到支持而奪得政權。人民在初期都以為他們是國家的救主，數年後，他們就限制基督教活動，用大量宣傳大搞個人崇拜，挑動仇恨，發動流血衝突。最終將國家和世界推向戰爭的災難和人道危機。

從這角度看，他們就是「敵基督」，意圖取代基督在人心中的位置，最終引領國家和世界進入災難。

這樣的敵基督，無論是舊帝國時代或現代民主共和制度時代，都層出不窮，直到主再來時。

啟示錄的末世預言

使徒約翰在啟示錄 1 章警告耶穌基督的再來：

「看哪！他駕雲降臨，眾目要看見他，連刺他的人也要看見他，地上的萬族都要因他哀哭。這話是真實的。阿們！」

(啓示錄 1:7)

耶穌再來之時，祂是駕雲降臨，、並不是秘密而來，眾目都要看見祂，地上的所有民族都要看見祂，卻要因祂降臨而哀哭，因為在所發生的災難中並沒有看為警告，沒有悔改所做的事。

使徒約翰看見的末世啟示，是在耶穌降臨之前，世上有七個封印的奧秘階段。到揭開第七個印，世界進入七個號的預警階段。在最後的號吹響，世界就面對神義怒的七碗。

七碗之後，耶穌降臨，展開活人死人的審判，開展新天新地，得救的進入新耶路撒冷，得享永生。

羔羊揭開七印

據啟示錄 6 章的記載，末世的災難由羔羊(耶穌)揭開七個封印開始：

「我看見羔羊揭開七印中第一印的時候，就聽見四活物中的一個活物，聲音如雷，說：「你來！」我就觀看，見有一匹白馬；騎在馬上的拿着弓，並有冠冕賜給他。他便出來，勝了又要勝。」

揭開第二印的時候，我聽見第二個活物說：「你來！」就另有一匹馬出來，是紅的，有權柄給了那騎馬的，可以從地上奪去太平，使人彼此相殺，又有一把大刀賜給他。

揭開第三印的時候，我聽見第三個活物說：「你來！」我就觀看，見有一匹黑馬；騎在馬上的，手裏拿着天平。我聽見在四活物中似乎有聲音說：「一錢銀子買一升麥子，一錢銀子買三升大麥，油和酒不可糟蹋。」

揭開第四印的時候，我聽見第四個活物說：「你來！」我就觀看，見有一匹灰色馬；騎在馬上的，名字叫作死，陰府也隨着他。有權柄賜給他們，可以用刀劍、饑荒、瘟疫、野獸，殺害地上四分之一的人。

揭開第五印的時候，我看見在祭壇底下，有為神的道並為作見證被殺之人的靈魂，大聲喊着說：「聖潔真實的主啊！你不審判住在

地上的人給我們伸流血的冤，要等到幾時呢？」於是有白衣賜給他們各人，又有話對他們說：「還要安息片時，等着一同作僕人的和他們的弟兄，也像他們被殺，滿足了數目。」

揭開第六印的時候，我又看見地大震動，日頭變黑像毛布，滿月變紅像血；天上的星辰墜落於地，如同無花果樹被大風搖動，落下未熟的果子一樣。

天就挪移，好像書卷被捲起來；山嶺海島都被挪移，離開本位。

地上的君王、臣宰、將軍、富戶、壯士和一切為奴的、自主的，都藏在山洞和岩石穴裏，

向山和岩石說：「倒在我們身上吧！把我們藏起來，躲避坐寶座者的面目和羔羊的忿怒，因為他們忿怒的大日到了，誰能站得住呢？」

(啓示錄 6:1-17)

當首四個封印被羔羊揭開的時候，末世災難就開始，形象是末世四騎士：

第一印：白馬出現，騎白馬的騎士手拿弓，有冠冕賜給他，勝了又要勝。換言之，一個軍事強國出現，白馬和冠冕象徵王者的姿態，四處征戰，在多次戰爭中得到勝利。

第二印：紅馬出現，騎紅馬的騎士有一把大刀賜給他，他發動戰爭，奪去地上的太平，戰爭引致人類彼此相殺。

第三印：黑馬出現，騎黑馬的騎士手拿天平，糧食價格上升，「油和酒不可糟蹋」，意味通貨膨脹。

第四印：灰馬出現；騎灰馬的騎士名字叫死，陰府隨着。刀劍、饑荒、瘟疫、野獸，令地上四分之一的人被殺。

當末世四騎士所代表的災難出現，包括，軍事強國出現，戰爭被發動，通貨膨脹出現，刀劍、饑荒、瘟疫、野獸，令地上四分之一人被殺。當地球氣候暖化，地上戰爭及饑荒出現大量死屍時，瘟疫就自然出現。氣候改變，影響大自然生態，野獸就四出覓食，攻擊人類。

第五印：殉道者的靈魂有白衣賜給他們，要忍耐至殉道者滿足了數目，意味著在末世時殉道者的數目增加。

按敞開的門(Open Doors)組織統計，耶穌的信徒在多國被宗教民族主義者逼迫，特別在中東，非洲，印度，巴基斯坦，印尼等地。

在 2021 年，總共有 3.6 億基督徒正在受迫害或歧視，其中有 50 個國家中的基督徒受到"非常高"的迫害程度，包括 18 個在非洲，29 個在亞洲，10 個在中東，4 個在中亞，3 個在拉美。

在報告時間 2020 年 10 月至 2021 年 9 月，有 5898 名基督徒因信仰被殺害，比上一年增加 1000 人。

由此可見，在現代社會，基督徒仍受逼迫 ，最終，耶穌降臨，信徒就必得贖。

第六印：天地出現異像：

地大震動，山嶺海島都被挪移，離開本位；

日頭變黑；

滿月變紅；

星辰墜落於地；

天就挪移；

地上有權勢的君王、臣宰、將軍、富戶、壯士和一切平民都藏在山洞和岩石穴裏；

此印表明神的忿怒，不再保守大自然的規律，大地震引發地殼改變，海岸線改變。當火山爆發時，火山灰衝上大氣層，敝擋太陽光，在黃昏時，陽光受火山灰拆射，形成血月的現像。

星辰墜落於地，意味着火山爆發後，火山石拋上天空後下墜，看似天上的星辰下墜。

天就挪移，反映天空的景像改變了。

屆時，地上有權勢的君王和總統、臣宰和官員、將軍、富人、都躲進防空洞避災。

世界的黃昏 - 耶穌末世預言

信徒被提

在災難的中間，風不再吹在地與海並樹木上，天使要印神眾僕人的額：

「地與海並樹木，你們不可傷害，等我們印了我們神眾僕人的額。我聽見以色列人各支派中受印的數目有十四萬四千」

(啓示錄 7:3-4)

「此後，我觀看，見有許多的人，沒有人能數過來，是從各國、各族、各民、各方來的，站在寶座和羔羊面前，身穿白衣，手拿棕樹枝，大聲喊着說：「願救恩歸與坐在寶座上我們的神，也歸與羔羊。」

(啓示錄 7:9-10)

「長老中有一位問我說：「這些穿白衣的是誰？是從哪裏來的？」我對他說：「我主，你知道。」 他向我說：「這些人是從大患難中出來的，曾用羔羊的血把衣裳洗白淨了。所以，他們在神寶座前，晝夜在他殿中事奉他。坐寶座的要用帳幕覆庇他們。他們不再飢、不再渴，日頭和炎熱也必不傷害他們。因為寶座中的羔羊必牧養他們，領他們到生命水的泉源；神也必擦去他們一切的眼淚。」

(啓示錄 7:13-17)

總括而言，在第六印的大患難中，神要印以色列十二支派中祂的僕人的額，他們就得到保護，總數有十四萬四千人。。

此外，有從各國、各族、各民、各方的人得羔羊的血洗淨來到，亦即信耶穌得救的外邦人，他們來到神的寶座前晝夜敬拜事奉神。

神用帳幕覆庇他們，日頭和炎熱也必不傷害他們，他們不再飢、不再渴，耶穌牧養他們，領他們到生命水的泉源，神擦去他們的眼淚。

這意味著，在大患難時，氣候改變，影響大氣層的保護能力，日頭的炎熱會烤人一般，河水和湖泊乾涸，農作物失收，不再有可用的水和食物。

最後，這些認耶穌的信徒被接到天上，耶穌牧養他們，得飲生命泉源的水。

在這情況，信徒來到神的寶座前事奉，得到耶穌的牧養，是被耶穌從地上大患難中接到天上。

從這經文來看，信徒是在災中得救被提上天。

若在第六印信耶穌的人被提到空中與耶穌相遇，地上剩下不信耶穌的人就會面對第七印的階段，然而，神仍給他們機會悔改信耶穌。神留下以色列十二支派中祂的僕人，總數有十四萬四千人，在地上作祂的福音工作。

揭開第七印

羔羊揭開第七印的時候，天上寂靜之後，有香和聖徒的祈禱升到神面前：

「那香的煙和眾聖徒的祈禱，從天使的手中一同升到神面前。天使拿着香爐，盛滿了壇上的火，倒在地上，隨有雷轟、大聲、閃電、地震。拿着七枝號的七位天使就預備要吹。」

(啓示錄 8:4-6)

七號吹響，是表示上帝的忿怒開始的警告訊息，是在敬拜和聖徒祈禱之後開始。

第一號

「第一位天使吹號，就有雹子與火攙着血丟在地上。地的三分之一和樹的三分之一被燒了，一切的青草也被燒了。」(啓示錄 8:7)

第一號吹響，雹子與火攙着血丟在地上。地和樹的三分一被燒去，青草也被燒去。這是火山噴發紅色礦物在空中遇到冷空氣，大量冰雹和著紅色火山灰下降，毀滅地上三分一的農作物。

第二號

「第二位天使吹號，就有彷彿火燒着的大山扔在海中。海的三分之一變成血，海中的活物死了三分之一，船隻也壞了三分之一。」

(啓示錄 8:8-9)

第二號的警告是大型火山爆發爆飛的巨型火山石扔在海洋，石帶紅色礦物，高温及礦物令海上生物窒息而死三分一，船隻也破壞三分一了。簡單理解，地球上有三大主要海洋，太平洋，大西洋，印度洋。若災難發生在其中之一，就是世上的三分之一。

第三號

「第三位天使吹號，就有燒着的大星好像火把從天上落下來，落在江河的三分之一和眾水的泉源上。這星名叫「茵蔯」。眾水的三分之一變為茵蔯，因水變苦，就死了許多人。」

(啓示錄 8:10-11)

第三號的警告是比殞石更大的小恆星撞在地球的河流和水源上，這小恆星被命名為「茵蔯」(Wormwood)，又名苦艾，是菊科植物用於釀製藥用苦酒。這小恆星上面的礦物質有毒，令水源三分一變苦，許多人因此而死。」

第四號

「第四位天使吹號，日頭的三分之一，月亮的三分之一，星辰的三分之一都被擊打，以致日月星的三分之一黑暗了，白晝的三分之一沒有光，黑夜也是這樣。」

(啓示錄 8:12)

第四號的警告是日月星三分一變黑暗，當小恆星撞擊地面， 掀起大量沙塵， 在大氣層中長期飄浮，遮掩日月星光，全地變黑暗。

第五號

「第五位天使吹號，我就看見一個星從天落到地上，有無底坑的鑰匙賜給它。它開了無底坑，便有煙從坑裏往上冒，好像大火爐的煙，日頭和天空都因這煙昏暗了。有蝗蟲從煙中出來，飛到地上，有能力賜給牠們，好像地上蠍子的能力一樣。

並且吩咐牠們說，不可傷害地上的草和各樣青物，並一切樹木，惟獨要傷害額上沒有神印記的人。但不許蝗蟲害死他們，只叫他們受痛苦五個月，這痛苦就像蠍子螫人的痛苦一樣。在那些日子，人要求死，決不得死；願意死，死卻遠避他們。…有無底坑的使者作牠們的王，按着希伯來話，名叫亞巴頓；希臘話，名叫亞玻倫。」

(啓示錄 9:1-11)

第五號的警告是再有小恆星撞在地，撞開地殼上開出一個極深的地坑(Abyss)， 有煙火從坑裏冒出，令日頭和天空昏暗。有大量地底的罕見飛蟲飛出，會咬傷額上沒有神印記的人。亦即是說，神留下的十四萬四千僕人被保護，不被傷害。

這些蟲的王是無底坑的天使(angel of the Abyss)，按着希伯來話，名叫亞巴頓(Abaddon)；希臘話，名叫亞玻倫(Apollyon)。意即毀滅的天使。

換言之，這些地裡的飛蟲是神使用的審判工具。

第六號：

「第六位天使吹號，我就聽見有聲音從神面前金壇的四角出來，吩咐那吹號的第六位天使，說：「把那捆綁在幼發拉底大河的四個使者釋放了。那四個使者就被釋放；他們原是預備好了，到某年某月某日某時，要殺人的三分之一。馬軍有二萬萬，... 這些馬兵口中所出來的火與煙，並硫磺，這三樣災殺了人的三分之一。… 」

(啓示錄 9:13-18)

「其餘未曾被這些災所殺的人仍舊不悔改自己手所做的，還是去拜鬼魔和那些不能看、不能聽、不能走，金、銀、銅、木、石的偶像；又不悔改他們那些兇殺、邪術、姦淫、偷竊的事。」

世界的黃昏 - 耶穌末世預言

(啓示錄 9:20-21)

第六號的警告，釋放了捆綁在幼發拉底大河(great river Euphrate)的四個天使。幼發拉底河是米索不達米亞文明的起源地，是古亞述和巴比倫帝國的根據地，目前是敘利亞、伊拉克和伊朗的地方。這四位毀滅天使要等到神的時間才出來審判世界。有二萬萬馬軍口中噴出火與煙並硫磺，殺人三分之一。

這意味著，在中東幼發拉底河米將在氣候變化中乾涸了，軍隊的大軍可在河床上行駛。軍隊中有二億馬軍口中噴出火與煙並硫磺，殺人三分之一。可以想像，在崎嶇不平的河床上，汽車是難以行走的， 軍事行動唯有靠現代已出現的智能化機械動物(馬)行走 並且有可噴出煙火硫磺的火炮武器。

在氣候變化後，糧水不足，戰爭的目的就是爭奪糧水。

索不達米亞平原的敘利亞，伊拉克，伊朗等地將有大戰，大量人口(三分一)死去。

然而，在災難中剩下的人並不悔改，堅持既有生活方式，還是去拜鬼魔和偶像，繼續兇殺、邪術、姦淫、偷竊的事。在戰亂中，人民拜邪神求平安，不法的事頻繁發生，並不求問上帝。

在第六號的尾聲，天使宣告，不再有時日了！

「我又看見另有一位大力的天使從天降下 … 起誓說：不再有時日了！」

世界的黃昏 - 耶穌末世預言

(啓示錄 10:1-6)

即使不再有時日，天使要約翰向各國各民再發預言。

<u>第七號：宣告耶穌永遠作王，審判時間到了</u>

「第七位天使吹號，天上就有大聲音說：「世上的國，成了我主和主基督的國；他要作王，直到永永遠遠。」… 外邦發怒，你的忿怒也臨到了，審判死人的時候也到了；你的僕人眾先知和眾聖徒，凡敬畏你名的人，連大帶小得賞賜的時候也到了；你敗壞那些敗壞世界之人的時候也就到了。」

(啓示錄 11:15,18)

第七號是正式從天上大聲宣告耶穌永遠作王，審判時間到了。

<u>獸印</u>

在這七號的預言中，世界陷入巨大災難之中，糧食和水源匱乏，邪惡的政權將要求人民拜獸像，並印上獸印，祇有獸印才可作買賣。

「我又看見另有一個獸從地中上來，有兩角如同羊羔，說話好像龍。…牠因賜給牠權柄在獸面前能行奇事，就迷惑住在地上的人，說：「要給那受刀傷還活着的獸做個像。」又有權柄賜給牠，叫獸像有生氣，並且能說話，又叫所有不拜獸像的人都被殺

害。」(啓示錄 13:11-15)

這獸是末世災難時出現的一個帝國，並叫所有不拜獸像的人都被殺害。

「牠又叫眾人，無論大小、貧富，自主的、為奴的，都在右手上或是在額上受一個印記。除了那受印記、有了獸名或有獸名數目的，都不得作買賣。在這裏有智慧。凡有聰明的，可以算計獸的數目；因為這是人的數目，他的數目是六百六十六。」

(啓示錄 13:16-18)

眾人的獸印是印在右手上或是在額上。這個獸印有獸名或有獸名數目的，獸的數目是六百六十六。人若沒有獸印，就不得作買賣。

由此來看，獸印是識別人有沒有拜獸像的，沒有拜獸像就被殺害，有獸印的就可生存，並作買賣。

可以預期，在巨大災難裡面，糧水缺乏，邪惡帝國會設立隔離區，以阻擋其他地方來的災民，亦四出搶奪物資。

在隔離區的人民要向獸像敬拜效忠，效忠的意思是要執行邪惡政權的指令。不拜獸像的人就會被處死。在大災難中，不按政權的指令出去搶掠殺戮，就被視作背叛而被消滅。

這些人民要在身上印上獸印，亦即邪惡政權的記號，即識別碼或裝置。 隔離區的人要靠識別碼進出及作買賣交易。

現時，已有科技為人民注入識別晶片，可代替身份證，電子錢包或和信用咭。

按啓示錄 14 章所講，拜獸和獸像的人，在額上或在手上受了印記的，必受神的忿怒。

意思是，在獸的邪惡政權下的人都是敵擋天國的，而在末世戰爭中被消滅。

耶穌降臨

在天使的福音和警告後，耶穌駕着雲降臨，施行祂的審判：

「我又觀看，見有一片白雲，雲上坐着一位好像人子，頭上戴着金冠冕，手裏拿着快鐮刀。

又有一位天使從殿中出來，向那坐在雲上的大聲喊着說：「伸出你的鐮刀來收割！因為收割的時候已經到了，地上的莊稼已經熟透了。」

(啓示錄 14:13-15)

<u>總結而言，七個警號如下：</u>

第一號，大量冰雹和著紅色火山灰下降，毀滅地上三分一的農作物。

第二號，火山爆發爆飛的巨型火山石扔在海洋，海上生物窒息而死三分一，船隻也破壞三分一了。

第三號，小恆星撞在地球的河流和水源上，這小恆星上面的礦物質有毒，令水源三分一變苦。

第四號，日月星三分一變黑暗，當小恆星撞擊地面， 掀起大量沙塵， 在大氣層中長期飄浮，遮掩日月星光，全地變黑暗。

第五號，小恆星撞開地殼上開出一個極深的地坑， 有煙火從坑裏冒出，令日頭和天空昏暗。無底坑的毀滅天使亞玻倫(Apolly)作王，帥領大量蝗蟲咬傷人類。

第六號，釋放捆綁在幼發拉底河的四位毀滅天使，有二萬萬馬軍口中噴出火與煙並硫磺，殺人三分之一，中東大戰爆發。

第七號，天上天使宣告耶穌永遠作王，審判時間到了。地上的邪惡政權敵擋天國，要求人民向獸像敬拜效忠，不拜獸像的人就會被處死。人民要在身上印上邪惡政權的記號的獸印 666，供識別作買賣交易。

神大怒的七碗

在災難的七號的最後，神要把大怒的七碗倒在地上：

「我聽見有大聲音從殿中出來，向那七位天使說：「你們去，把盛

神大怒的七碗倒在地上！」

第一位天使便去，把碗倒在地上，就有惡而且毒的瘡生在那些有獸印記、拜獸像的人身上。

第二位天使把碗倒在海裏，海就變成血，好像死人的血，海中的活物都死了。

第三位天使把碗倒在江河與眾水的泉源裏，水就變成血了。

我聽見掌管眾水的天使說：「昔在、今在的聖者啊，你這樣判斷是公義的！

他們曾流聖徒與先知的血，現在你給他們血喝，這是他們所該受的。」

我又聽見祭壇中有聲音說：「是的，主神，全能者啊！你的判斷義哉！誠哉！」

第四位天使把碗倒在日頭上，叫日頭能用火烤人。

人被大熱所烤，就褻瀆那有權掌管這些災的神之名，並不悔改將榮耀歸給神。

第五位天使把碗倒在獸的座位上，獸的國就黑暗了。人因疼痛就咬自己的舌頭；

又因所受的疼痛和生的瘡，就褻瀆天上的神，並不悔改所行的。

第六位天使把碗倒在幼發拉底大河上，河水就乾了，要給那從日出之地所來的眾王預備道路。

我又看見三個污穢的靈，好像青蛙，從龍口、獸口並假先知的口中出來。

他們本是鬼魔的靈，施行奇事，出去到普天下眾王那裏，叫他們在神全能者的大日聚集爭戰。

（看哪！我來像賊一樣。那警醒、看守衣服、免得赤身而行叫人見他羞恥的有福了！）

那三個鬼魔便叫眾王聚集在一處，希伯來話叫作哈米吉多頓。

第七位天使把碗倒在空中，就有大聲音從殿中的寶座上出來，說：「成了！」

又有閃電、聲音、雷轟、大地震，自從地上有人以來，沒有這樣大、這樣厲害的地震。

那大城裂為三段，列國的城也都倒塌了。神也想起巴比倫大城來，要把那盛自己烈怒的酒杯遞給他。

各海島都逃避了，眾山也不見了。

又有大雹子從天落在人身上，每一個約重一他連得。為這雹子的災極大，人就褻瀆神。

(啓示錄 16:1-21)

七碗的盛怒是：

第一碗倒在地上，就有惡而且毒的瘡生在那些有獸印記、拜獸像的人身上。

第二碗倒在海裏，海就變成血，海中的活物都死了。

第三碗倒在江河與眾水的泉源裏，水就變成血了。

第四碗倒在日頭上，叫日頭能用火烤人。

第五碗倒在獸的座位上，獸的國就黑暗了。人因所受的疼痛和生的瘡，就褻瀆天上的神，並不悔改所行的。

第六碗倒在幼發拉底大河上，河水就乾了，要給那從日出之地所來的眾王預備道路。三個污穢的靈，施行奇事叫普天下眾王聚集在哈米吉多頓(Armageddon)爭戰。地點可能是以色列的米吉多山，位於耶路撒冷以北。

第七碗倒在空中，就有大聲音從殿中的寶座上出來，說：「成了！」，

又有閃電、聲音、雷轟、前所未有的大地震。各海島都逃避了，眾山也不見了，列國的城市都倒塌了。大雹子從天落在人身上。

總結而言，七碗的災難是：

毒瘡，海變血，江河變血，高温，黑暗，以色列哈米吉多頓大戰，大地震。

七碗之後，審判就來到敗壞世界的帝國。

末世爭戰

「我觀看，見天開了。有一匹白馬，騎在馬上的稱為誠信真實，他審判、爭戰都按着公義。

他的眼睛如火焰，他頭上戴着許多冠冕，又有寫着的名字，除了他自己沒有人知道。

他穿着濺了血的衣服，他的名稱為神之道。

在天上的眾軍騎着白馬，穿着細麻衣，又白又潔，跟隨他。

有利劍從他口中出來，可以擊殺列國。他必用鐵杖轄管他們，並要踹全能神烈怒的酒醡。

在他衣服和大腿上有名寫着說：「萬王之王，萬主之主。」

我又看見一位天使站在日頭中，向天空所飛的鳥大聲喊着說：「你們聚集來赴神的大筵席！可以吃君王與將軍的肉，壯士與馬和騎馬者的肉，並一切自主的、為奴的以及大小人民的肉。」

世界的黃昏 - 耶穌末世預言

我看見那獸和地上的君王，並他們的眾軍都聚集，要與騎白馬的並他的軍兵爭戰。

那獸被擒拿，那在獸面前曾行奇事、迷惑受獸印記和拜獸像之人的假先知，也與獸同被擒拿。他們兩個就活活地被扔在燒着硫磺的火湖裏。

其餘的被騎白馬者口中出來的劍殺了。飛鳥都吃飽了他們的肉。」

(啓示錄 19:2,7-21)

當耶穌降臨時，祂審判管轄地上眾王的巴比倫大城(大淫婦)，坐在多國，多民族，多人口之上。

耶穌降臨的形像是：騎在馬上的稱為誠信真實，他審判、爭戰都按着公義。

他的眼睛如火焰。

他頭上戴着許多冠冕。

他穿着濺了血的衣服，

他的名稱為神之道。

他衣服和大腿上有名寫着說：「萬王之王，萬主之主。」

祂有利劍從他口中出來，擊殺列國。他用鐵杖轄管列國。

世界的黃昏 - 耶穌末世預言

在天上的眾軍騎着白馬，穿着又白又潔細麻衣，跟隨祂。

獸和地上的君王，並眾軍聚集爭戰。

獸及迷惑衆人的假先知被擒拿，他們就被扔在燒着硫磺的火湖裏。其餘的被騎白馬者口中出來的劍殺了。

最後，魔鬼撒但被捆綁扔在無底坑裏一千年。

「我又看見一位天使從天降下，手裏拿着無底坑的鑰匙和一條大鏈子。他捉住那龍，就是古蛇，又叫魔鬼，也叫撒但，把牠捆綁一千年，扔在無底坑裏，將無底坑關閉，用印封上，使牠不得再迷惑列國。等到那一千年完了，以後必須暫時釋放牠。」

(啓示錄 20:1-3)

當末世爭戰結束，魔鬼撒但被捆綁，世界就進入基督管治的千禧年。

千禧年

在基督管治的一千年，信徒與基督同作王，轄管各國。

「我又看見幾個寶座，也有坐在上面的，並有審判的權柄賜給他們。我又看見那些因為給耶穌作見證，並為神之道被斬者的靈魂，和那沒有拜過獸與獸像，也沒有在額上和手上受過牠印記之人的靈魂，他們都復活了，與基督一同作王一千年。

這是頭一次的復活。其餘的死人還沒有復活，直等那一千年完了。在頭一次復活有分的有福了、聖潔了！第二次的死在他們身上沒有權柄。他們必作神和基督的祭司，並要與基督一同作王一千年。」

(啓示錄 20:4-6)

當耶穌作王時，

有幾個寶座，坐在上面的有審判的權柄賜給他們。

此外，耶穌的僕人進入第一次復活，他們作神和基督的祭司，與基督一同作王一千年，他們包括 殉道者和沒有拜獸和獸像的信徒：

因為給耶穌作見證並為神之道被斬者的靈魂，

那沒有拜過獸與獸像，也沒有在額上和手上受過牠印記之人的靈魂。

其餘的死人要等那一千年完了才被審判。

末世審判

在末世的戰爭後，啟示錄 20 章記載末世的審判：

世界的黃昏 - 耶穌末世預言

「我又看見一個白色的大寶座與坐在上面的；從他面前天地都逃避，再無可見之處了。 我又看見死了的人，無論大小，都站在寶座前。案卷展開了，並且另有一卷展開，就是生命冊。死了的人都憑著這些案卷所記載的，照他們所行的受審判。 於是海交出其中的死人；死亡和陰間也交出其中的死人；他們都照各人所行的受審判。 死亡和陰間也被扔在火湖裏；這火湖就是第二次的死。若有人名字沒記在生命冊上，他就被扔在火湖裏。」

(啟示錄20:11-15)

在末世審判時，耶穌坐在白色的大寶座前，天地都沒了。

海，死亡和陰間也交出其中的死人，大小的死人都站在寶座前面對審判。

審判時案卷展開，另有一卷生命冊展開，死人的審判是按每人的案卷所記載的所行而受審判。

名字沒記在生命冊上的人，就被扔在火湖裏。

死亡和陰間都無用了，也被扔在火湖裏；

這火湖就是第二次的死。很多人以為人死如燈滅，一切都抹去，其實人死後造物主會叫死人復活，面對審判，結果是第二次的死！

火湖第二次的死

啟示錄 21 章強調審判的結果：

「得勝的，必承受這些為業，我要作他的神，他要作我的兒子。 惟有膽怯的、不信的、可憎的、殺人的、淫亂的、行邪術的、拜偶像的，和一切說謊話的，他們的分就在燒著硫磺的火湖裏；這是第二次的死。」

(啟示錄 21:7-8)

如此，耶穌再來的末日大審判到此終結，叫人憂慮的是，現時世界所推崇的自由，放縱，其實是引領世人死後往審判和燒著硫磺的火湖裏。

很多人以為，信不信由你，各人按本性喜歡做甚麼就做甚麼。對於所有人，死後卻要復活面對審判，為自已的行為負責。

有人自信地相信，自已行得正企得正，審判都不怕。可是，當生命的案卷拉開，每人的每個意念和行為都展現出來，每個微小的意念和行為都可以逃過審判嗎？燒著硫磺的火湖是可以承受嗎？

相信耶穌為救主是惟一得救的道路，因為耶穌就是神命定的審判主！

新天新地

在末世大審判完結之後，先前的天、地和海都沒有了，信徒將進入天國的新天新地：

啟示錄 21 章記載：

「我又看見一個新天新地。因為先前的天地已經過去了，海也不再有了。

我又看見聖城新耶路撒冷由神那裏從天而降，預備好了，就如新婦妝飾整齊，等候丈夫。

我聽見有大聲音從寶座出來說：「看哪！神的帳幕在人間。他要與人同住，他們要作他的子民；神要親自與他們同在，作他們的神。

神要擦去他們一切的眼淚。不再有死亡，也不再有悲哀、哭號、疼痛，因為以前的事都過去了。」

坐寶座的說：「看哪！我將一切都更新了。」又說：「你要寫上，因這些話是可信的，是真實的。」

他又對我說：「都成了！我是阿拉法，我是俄梅戛；我是初，我是終。我要將生命泉的水白白賜給那口渴的人喝。

得勝的，必承受這些為業。我要作他的神，他要作我的兒子。」

(啓示錄 21:1-7)

世界的黃昏 - 耶穌末世預言

末後的日子，聖城耶路撒冷要再在地上出現，但這聖城不是人手所造的，是從上帝那裡，從天而降。

啟示錄 21 章記述使徒約翰的異象：

令人驚訝的是，上帝的帳幕要在人間，他要與人同住，要親自與他們同在。換言之，上帝不再在天上，祂要在人間與我們同在! 上帝要擦去我們一切的眼淚；不再有死亡，也不再有悲哀、哭號、疼痛。 這是比喻嗎? 是修辭學嗎? 不是!天使說：「**你要寫上；因這些話是可信的，是真實的。**」

(啟示錄21:5)

新耶路撒冷

啟示錄 21 章記述：

「我被聖靈感動，天使就帶我到一座高大的山，將那由上帝那裏、從天而降的聖城耶路撒冷指示我。 城中有上帝的榮耀；城的光輝如同極貴的寶石，好像碧玉，明如水晶。… 天使用葦子量那城，共有四千里，長、寬、高都是一樣； … 牆是碧玉造的；城是精金的，如同明淨的玻璃。 … 城內的街道是精金，好像明透的玻璃。

我未見城內有殿，因主上帝－全能者和羔羊為城的殿。 那城內又不用日月光照；因有上帝的榮耀光照，又有羔羊為城的燈。

列國要在城的光裏行走；地上的君王必將自己的榮耀歸與那城。

凡不潔淨的，並那行可憎與虛謊之事的，總不得進那城；只有名字寫在羔羊生命冊上的才得進去。"」

(啟示錄**21:10-27)**

總結而言，新聖城耶路撒冷是四方的，共有四千里，長、寬、高都是一樣。城是精金的， 城牆的根基是用各樣寶石造的。城內沒有殿，因主上帝就是城內的殿。那城內又不用日月光照；因有上帝的榮耀光照，又有羔羊為城的燈。

在新聖城耶路撒冷的生活是怎樣的?啟示錄 22 章描述：

「天使又指示我在城內街道當中一道生命水的河，明亮如水晶，從上帝和羔羊的寶座流出來。 在河這邊與那邊有生命樹，結十二樣果子，每月都結果子；樹上的葉子乃為醫治萬民。 以後再沒有咒詛；在城裏有上帝和羔羊的寶座；他的僕人都要事奉他， 也要見他的面。他的名字必寫在他們的額上。 不再有黑夜；他們也不用燈光、日光，因為主上帝要光照他們。他們要作王，直到永永遠遠。 」

(啟示錄**22:1-5)**

總結而言，在新聖城當中有一道生命水的河， 在河兩邊有生命樹，結十二樣果子，每月都結果子；樹上的葉子可醫治萬民， 以後再沒有咒詛。在城裏有上帝和羔羊的寶座，他的僕人要見他的面，都要事奉他。祂的名字必寫在他們的額上，他們要作王到永遠。

誰可以進入新聖城耶路撒冷?啟示錄 22 章指出：

「那些洗淨自己衣服的有福了！可得權柄能到生命樹那裏，也能從門進城。

城外有那些犬類、行邪術的、淫亂的、殺人的、拜偶像的，並一切喜好說謊言、編造虛謊的。 」

(啟示錄 22:12-15)

拒絕拯救的結局

誰可以進新耶路撒呢？洗淨衣服的人就是靠耶穌的血洗去罪，過聖潔的生活的信徒。

若回到啟示錄 2 和 3 章，耶穌向七教會天使所發的信中對得勝的信徒的應許，七教會代表了七種不同的信徒:

給勞碌、忍耐，不容忍惡人，卻把起初的愛心離棄了的以弗所教會：

「得勝的，我必將神樂園中生命樹的果子賜給他吃。」(啓示錄 2:7)

吃生命樹的果子，意思是在新耶路撒冷得享永生。

給處於患難，貧窮，受苦，被試煉的士每拿教會：

「… 你務要至死忠心，我就賜給你那生命的冠冕。得勝的，必不受第二次死的害。」(啓示錄 2:10-11)

第二次死的意思是死人復活後，面對耶穌的審判，定罪的面臨火湖的。

給居所有撒但座位之處，堅守耶穌的名，沒有棄絕祂的道的別迦摩教會：

「... 得勝的，我必將那隱藏的嗎哪賜給他，並賜他一塊白石，石上寫着新名，除了那領受的以外，沒有人能認識。」(啓示錄 2:17)

隱藏的嗎哪是天上賜下來的糧食，就是耶穌所賜的生命的糧，不再饑餓。

白石是審判得判無罪的意思。石上寫着新名，意思是在新耶路撒冷，信徒將以新名生活。

給有愛心、信心、勤勞、忍耐，行善事的推雅推喇教會：

「那得勝又遵守我命令到底的，我要賜給他權柄制伏列國。他必

用鐵杖轄管他們，將他們如同窰戶的瓦器打得粉碎—— 像我從我父領受的權柄一樣。我又要把晨星賜給他。」(啓示錄 2:26-29)

當千禧年時耶穌作地上的王時，祂會與得勝的信徒一同作王，並賜他們權柄制伏列國。他必用鐵杖轄管他們。

給按名是活的，其實是死的撒狄教會：

「凡得勝的，必這樣穿白衣，我也必不從生命冊上塗抹他的名，且要在我父面前和我父眾使面前認他的名。」(啓示錄 3:5)

對於沒靈性的信徒，若悔改回轉，得勝的，耶穌的應許是，他們的名不會從生命冊上塗抹，耶穌會認他們，穿上潔淨的白衣進入天國。

給盡力遵守耶穌的道，沒有棄絕耶穌的名的非拉鐵非教會：

「得勝的，我要叫他在我神殿中作柱子，他也必不再從那裏出去。我又要將我神的名和我神城的名（這城就是從天上、從我神那裏降下來的新耶路撒冷），並我的新名，都寫在他上面。」(啓示錄 3:12)

得勝者會作神殿中的柱子，並寫上神的名，新耶路撒冷的名，並耶穌的新名，意思是成為神國的棟樑。

給不冷不熱的老底嘉教會：

「得勝的，我要賜他在我寶座上與我同坐，就如我得了勝，在我

父的寶座上與他同坐一般。」(啓示錄 3:21)

意思是，即使是不冷不熱的信徒，若得勝，他們亦可與耶穌同坐作王的寶座。

總的來説，得勝的基督徒的結局是:

得吃生命樹的果子，得著永生。

得著耶穌的靈(晨星)。

在生命冊上記名，得穿白衣進入天國。

在天國得着新的名字。

得榮耀的冠冕。

成為天國被看重的棟樑。

得權柄轄管列國。

在耶穌作王的寶座上同坐。

不信的下場

在新耶路撒冷以外，有那些犬類、行邪術的、淫亂的、殺人的、拜偶像的，並一切喜好說謊言、編造虛謊的。 換言之，在大審判之後，被定罪的人被丟進火湖沉淪，並不是完全消滅，這些人仍在新耶路撒冷以外，在痛苦中活著，不再有憐憫。

「神愛世人，甚至將他的獨生子賜給他們，叫一切信他的，不至滅亡，反得永生。

因為神差他的兒子降世，不是要定世人的罪，乃是要叫世人因他得救。

信他的人，不被定罪；不信的人，罪已經定了，因為他不信神獨生子的名。」

(約翰福音 3:16-18)

正如先知以西結勸喻：

「…『主耶和華說：我指着我的永生起誓，我斷不喜悅惡人死亡，惟喜悅惡人轉離所行的道而活。以色列家啊，你們轉回，轉回吧！離開惡道，何必死亡呢？』」

(以西結書 33:11)

「人子啊，你要對本國的子民說：『義人的義，在犯罪之日不能救他；至於惡人的惡，在他轉離惡行之日也不能使他傾倒；義人在犯罪之日也不能因他的義存活。』

(以西結書 33:12)

世界的黃昏 - 耶穌末世預言

世人應該在可回轉時就當回轉。

終結

主耶穌說："「看哪，我必快來！賞罰在我，要照各人所行的報應他。 我是阿拉法，我是俄梅戛；我是首先的，我是末後的；我是初，我是終。」

聖靈和新婦都說:「來！」

聽見的人也該說:「來！」

口渴的人也當來；

願意的，都可以白白取生命的水喝。」

(啟示錄 **22:**12,13,**17)**

後語: 末世的時間線及準備

七印

末世以七個奧秘的封印被揭開：

第一印：白馬騎士以軍事強國出現，勝了又要勝。

第二印：紅馬騎士出現，奪去地上的太平。

第三印：黑馬騎士出現，通貨膨脹。

第四印：灰馬騎士出現，帶來死亡，武器、饑荒、瘟疫、野獸，地上四分之一的人被殺。

第五印：殉道者數目增加。

第六印：天地出現異像：

出現大地震，日頭變黑，滿月變紅，星辰墜落，天勢挪移。

在大災難的中間，信徒被提到天上神的寶座和耶穌面前。

在地上，以色列十二支派中十四萬四千人被印上印，留在地上為耶穌作見證。

第七印，天上寂靜之後，有香和聖徒的祈禱升到神面前：

隨後有雷轟、大聲、閃電、地震。七位天使吹響七枝警告的號。

七號

第一號，冰雹毀滅地上三分一的農作物。

第二號，巨型火山石扔在海洋，海上生物死三分一，船隻破壞三分一。

第三號，小恆星撞在河流和水源上，有毒物質令水源三分一變苦。

第四號，日月星三分一變黑暗，全地變黑暗。

第五號，小恆星撞開地殼上開出一個極深的地坑， 無底坑的毀滅天使亞玻倫師領大量蝗蟲咬傷人類。

第六號，幼發拉底河的四位毀滅天使出來，有二萬萬馬軍口中噴出火與煙並硫磺，殺人三分之一，中東大戰爆發。

第七號，天上天使宣告耶穌永遠作王，審判時間到了。地上的邪惡政權敵擋天國，要求人民向獸像敬拜效忠，不拜獸像的人就會被處死。人民要在身上印上邪惡政權的記號的獸印 666，供識別作買賣交易。

在最後，神要把大怒的七碗倒在地上:

世界的黃昏 - 耶穌末世預言

七碗

第一碗:有獸印記、拜獸像的人身上生有惡而且毒的瘡。

第二碗: 海變成血，海中的活物都死。

第三碗：江河與眾水的泉源變成血。

第四碗：日頭像用火烤人。

第五碗： 帝國黑暗了。

第六碗： 幼發拉底河乾了，眾王聚集在以色列的哈米吉多頓爭戰。

第七碗： 閃電、聲音、雷轟、前所未有的大地震。各海島都逃避了，眾山也不見了，列國的城市都倒塌了。大雹子從天落在人身上。

七碗之後，審判就來到敗壞及控制世界的帝國大城，即大淫婦/大巴比倫城倒下。

耶穌降臨

耶穌降臨，列國敵擋，最後被打敗，

邪惡帝國及迷惑衆人的假先知被扔在燒着硫磺的火湖裏。

魔鬼撒但被捆綁，封在無底坑之下。

世界的黃昏 - 耶穌末世預言

耶穌作王千禧年

千禧年耶穌作王： 世界進入耶穌作王的千禧年。

信徒第一次復活： 耶穌的僕人進入第一次復活，他們作神和基督的祭司，與基督一同作王一千年，他們包括殉道者和沒有拜獸和獸像的信徒。

終末大戰

終末大戰： 當千禧年終結，撒但被釋放，牠被釋放，再迷惑各國起來爭戰，敵擋耶穌的國。

最後，有火從天降下，燒滅了敵擋的列國。魔鬼被扔在硫磺的火湖裏，就是獸和假先知所在的地方，直到永永遠遠。

死人復活，終極審判： 在末世審判時，耶穌坐在白色的大寶座前，大小的死人都復活站在寶座前面對審判。

生命冊： 審判時案卷展開，另有一卷生命冊展開，死人的審判是按每人的案卷所記載的所行而受審判。

第二次的死：名字沒記在生命冊上的人，就被扔在火湖裏。包括膽怯的、不信的、可憎的、殺人的、淫亂的、行邪術的、拜偶像的，和一切說謊話的，

死亡和陰間都無用了，也被扔在火湖裏；

新耶路撒冷降臨：那城內不用日月光照；因有上帝的榮耀光照，

又有羔羊為城的燈。

城內有一道生命水的河，兩邊有生命樹，結十二樣果子，樹上的葉子乃為醫治萬民。

上帝和羔羊的僕人都要事奉他，他們要作王，直到永永遠遠。

那些洗淨自已的，可得權柄能到生命樹那裏，也能從門進城

城外有那些犬類、行邪術的、淫亂的、殺人的、拜偶像的，並一切喜好說謊言編造虛謊的。

作出選擇

耶穌說：

「若有人要跟從我，就當捨己，背起他的十字架來跟從我。因為凡要救自己生命的，必喪掉生命；凡為我喪掉生命的，必得着生命。人若賺得全世界，賠上自己的生命，有甚麼益處呢？人還能拿甚麼換生命呢？人子要在他父的榮耀裏，同着眾使者降臨；那時候，他要照各人的行為報應各人。」
(馬太福音 16:24-27)

要在末世的災難中得救，脱離將來的審判，人要相信耶穌的拯救，承認自已所犯的罪，悔改，接受耶穌的代贖赦免，作耶穌的門徒，脱離罪惡，行天父的旨意。

願意相信耶穌的，可用以下禱文向耶穌祈禱：

「親愛主耶穌，我承認你是基督，是我的救主。我犯罪得罪了祢，我願意悔改，離開罪惡，行在你的旨意裡，求你赦免我的罪，求聖靈住在我裡面，引導我的人生，做我的主，禱告奉耶穌基督的聖名，阿們！」

若有讀者決志跟隨耶穌，請告訴作者黃栢中，讓他為你祈禱：

pcwonghk@hotmail.com

作者簡介

黃栢中畢業於香港大學經濟系，並獲香港中文大學行政人員工商管理碩士及香港理工大學企業融資碩士。

黃先生曾任財經記者, 投資顧問，商品交易顧問，期貨公司董事。交易所證券產品發展部主管。

黃先生是香港財經作家，著作由香港經濟日報出版社出版包括：1 技術分析原理 ： 金融技術指標大全, 2.期權攻略, 3.即市外匯買賣, 4.螺旋的規律 -股市及匯市的預測，5. 江恩理論-金融走勢分析。6. 江恩理論進階: 空間與市場幾何學，7. 波浪理論家分析要義。

信仰著作有：1.「在苦路遇見耶穌」, 2.「哭泣的聖城：耶路撒冷興亡史」

黃栢中在大學時代曾主編香港大學基督徒團契刊物橄欖雜誌。

編目

書目: 世界的黃昏 - 耶穌的末世預言

作者: 黃栢中

回應可傳至： pcwonghk@hotmail.com

本書臉書專頁討論區：

https://www.facebook.com/profile.php?id=100086061683040

出版: 寶瓦出版有限公司

出版公司電話 (Tel.)：+852-55425000

出版公司電郵 (E-mail)：providerpublishing@gmail.com

出版地: 香港

出版日期： 2022 年 12 月(初版)

國際書號 ISBN: 978-988-75675-3-0

定價：港幣$100

Title: Dusk of The World - The End-time Prophesy of Jesus

Author: Wong Pak Chung

Feedback to author: pcwonghk@hotmail.com

Facebook Discussion Group:

https://www.facebook.com/profile.php?id=100086061683040

Publisher: Provider Publishing Limited

Tel. No. of Publisher: +852-55425000

E-mail Address of Publisher: providerpublishing@gmail.com

Place of Publication: Hong Kong

Edition: First edition, December 2022

ISBN: 978-988-75675-3-0

Price: HK$ 100

免責聲明

出版社已盡一切所能以確保所刊載的資料正確無誤，惟資料祇供參考用途。對於任何資料錯誤或由此而引致的損失，出版社均不會承擔任何責任。

版權